Lars Grummich

Der sozialistische Städtebau und sein Erbe

Eine Untersuchung am Beispiel der Planstadt Halle-Neustadt

Diplomica® Verlag GmbH

Grummich, Lars: Der sozialistische Städtebau und sein Erbe: Eine Untersuchung am Beispiel der Planstadt Halle-Neustadt, Hamburg, Diplomica Verlag GmbH 2012

ISBN: 978-3-8428-9052-7
Druck: Diplomica® Verlag GmbH, Hamburg, 2012

Bibliografische Information der Deutschen Nationalbibliothek:
Die Deutsche Nationalbibliothek verzeichnet diese Publikation in der Deutschen
Nationalbibliografie; detaillierte bibliografische Daten sind im Internet über
http://dnb.d-nb.de abrufbar.

Die digitale Ausgabe (eBook-Ausgabe) dieses Titels trägt die ISBN 978-3-8428-4052-2
und kann über den Handel oder den Verlag bezogen werden.

Für alle, die mich auf dem Weg hier hin unterstützt haben.
Ohne euch hätte ich das Ziel sicher nicht so schnell erreicht.

Inhaltsverzeichnis

1. Einleitung

Als am 9. Mai 1945 durch die Kapitulation des Deutschen Reiches der Zweite Weltkrieg nach 6 Jahren endete, sollte eine Zeit der politischen Umwälzung auf deutschem Boden beginnen. Durch die besonderen Umstände, welche sich nach dem Krieg im besetzten Ostdeutschland abzeichneten und schließlich in der Gründung der Deutschen Demokratischen Republik mündeten, gab es städtebauliche Entwicklungen, die in Westdeutschland nicht vorzufinden sind und sich von deren Planungen stark unterscheiden.

Ziel im ersten Teil des vorliegenden Buches ist es, diese Umstände näher zu erläutern und zu bewerten. Dazu soll der Zeitraum von 1945, also unmittelbar nach Kriegsende, bis zur Deutschen Einheit 1990 untersucht werden. Dafür ist es unumgänglich, sich mit der Gründungsgeschichte der DDR, der zentralen Stadtplanung und den „Sechzehn Grundsätzen des Städtebaus" auseinanderzusetzen.

Zusätzlich gibt es im Zusammenhang mit der Problematik des Wohnungsbaus in der DDR einen Exkurs zu den eingesetzten Typen der Plattenbauten und dem dahinter stehenden sozialistischen Grundgedanken.

Die Gründe für den Aufbau der sozialistischen Arbeiterstadt Halle-Neustadt mit den sozialistischen Idealvorstellungen sollen im zweiten Teil analysiert werden. Des Weiteren wird näher auf die Entwicklung der Stadt und die wachsenden Probleme eingegangen. Dieser Abschnitt der Hausarbeit wird sich vor allem auf den zeitlichen Rahmen von Beginn der Planungen zu Halle-Neustadt ab Ende der 1950er Jahre bis zum Zusammenbruch der DDR beschränken.

Im dritten und letzten Teil der Untersuchung wird schließlich die Problematik der schrumpfenden Städte in Ostdeutschland nach 1990 angesprochen. Hierbei möchte ich im Besonderen auf die damit entstandenen Probleme in Halle-Neustadt und die Versuche der Stadt Halle eingehen, um eben jenem Bevölkerungsrückgang entgegen zu wirken.

2. Der Wiederaufbau in der Sowjetischen Besatzungszone

2.1 Politische Rahmenbedingungen

Als sich am 30. April 1945 die „Initiativgruppe" der Kommunistischen Partei Deutschland (KPD) um den späteren Staatsratsvorsitzenden der Deutschen Demokratischen Republik (DDR), Walter Ulbricht, auf den Weg „nach Berlin [begab], um von dort aus die Nachkriegsverhältnisse im sowjetisch besetzten Teil Deutschlands in ihrem Sinne zu ordnen" (DURTH et al. 1999a: 76), sollte der Grundstein für einen späteren, mehr als 40 Jahre andauernden Sozialismus gelegt werden.

Doch zunächst stellten sich in den besetzten Gebieten Ostdeutschlands die gleichen Fragen, wie für die westlichen Alliierten. Durch den Zweiten Weltkrieg wurden große Teile Deutschlands zerstört und Millionen von Menschen obdachlos. „Die Folge war, dass es die Stadt als Standort von Handel und Gewerbe kaum mehr gab und dass insbesondere Bürger unterer und mittlerer Schichten ihre Wohnungen verloren hatten" (HEWITT et al. 1993: 438).

Aus diesem Grund entschieden sich die Siegermächte schnellstmöglich die administrativen Rechte und Aufgaben zu klären, welche für einen geordneten Wiederaufbau unerlässlich waren. Dadurch kam es in kurzer Zeit zu einer Vielzahl von Entscheidungen, die einen bedeutenden Einfluss auf die Entwicklung zweier deutscher Staaten und einer damit einhergehenden, nahezu konträren städtebaulichen Entwicklung in den Folgejahren haben sollten.

Am „5. Juni 1945 übernahmen die vier Siegermächte mit der Berliner Erklärung die oberste Regierungsgewalt in Deutschland. Die damit verbundene Zusammenarbeit im Alliierten Kontrollrat und in der Alliierten Stadtkommandantur von Berlin machten [...] eine zentrale sowjetische Militärregierung notwendig" (CREUTZBERGER 1996: 27).

Bereits einen Monat nach der bedingungslosen Kapitulation Deutschlands wurde deshalb am 9. Juni 1945 durch den Befehl Nr. 1 die Gründung der Sowjetischen Militäradministration in Deutschland (SMAD) offiziell bekanntgegeben.

Jedoch war der Apparat der SMAD mit seinem Hauptstab in Berlin Karlshorst nach CREUTZBERGER (1996: 29ff) organisatorisch unzureichend aufgebaut und personell völlig unterbesetzt. Zu diesem Zeitpunkt trat die „Gruppe Ulbricht" in Erscheinung, die nach ihrem langjährigen Aufenthalt in Moskau und entsprechender Vorbereitung „der Sowjetischen Militäradministration in Deutschland beim Aufbau der Verwaltung in der sowjetischen Besatzungszone […] helfen" (BENZ 2005: 12) sollte.

In der Folge begann die Militärverwaltung im Juli 1945 damit, ihren Verwaltungsapparat auf Länder- und Provinzebene umzuorganisieren. Die „644 Kommandanturen, die bis dahin dem Truppenkommandos der sowjetischen Streitkräfte unterstanden, [wurden] zu Organen der SMAD umfunktioniert und den Länder- und Provinzialadministrationen unterstellt" (CREUTZBERGER 1996: 28). Somit spannte sich ein flächendeckendes Verwaltungsnetz in Ostdeutschland, das unter der Befehlsgewalt des ranghöchsten sowjetischen Offiziers G.K. Žukow stand.

Am 10. Juni 1945 wurde durch Befehl Nr. 2 der Militäradministration die Gründung von Parteien gestattet und so die Parteilandschaft in Deutschland wiederbelebt. Diesem Befehl folgte nur einen Tag später, am 11. Juni 1945, der Gründungsaufruf der Kommunistischen Partei Deutschland (KPD), welche sich zum damaligen Zeitpunkt als demokratisch-antifaschistische Partei ohne „Hetze und Feindschaft gegenüber der Sowjetunion" (DURTH et al. 1999a: 77) beschrieb. Die letztlich geplante sozialistische Umwälzung wurde aber nicht als Ziel angeführt.

Doch trotz des Beschlusses der alliierten Siegermächte während der Potsdamer Konferenz, welche vom 17. Juli bis 2. August 1945 abgehalten wurde, Deutschland als einheitliches Wirtschaftsgebiet zu behandeln, sollten „gemäß Befehl Nr. 17 der SMAD vom 27. Juli 1945 Zentralverwaltungen für die Sowjetische Besatzungszone gebildet" (DURTH et al. 1999a: 78) werden.

Aus dieser Zeit stammt auch ein Zitat von Walter Ulbricht, welches die eigentlichen Absichten der Sowjetunion verdeutlicht: „Es ist doch ganz klar: Es muss demokratisch aussehen, aber wir müssen alles in der Hand haben" (DURTH et al. 1999a: 78).

2.2 Städtebauliche Entwicklungen

Erst nach Errichtung der als Übergangsregierung geplanten SMAD sollte der Aufbau der zerstörten Städte langsam wieder an Bedeutung gewinnen. Dennoch stellt sich die Frage, inwiefern sich in den Folgejahren überhaupt eine städtebauliche Entwicklung abzeichnete.

Tatsächlich wurde unmittelbar nach dem Zweiten Weltkrieg mit dem Begriff „Aufbau" zunächst nichts anderes als Trümmerbeseitigung in Verbindung gebracht. Doch schon ab 1946 rückte „das Problem des Wiederaufbaus der historischen Stadtkerne und Baudenkmäler" (PAUL 1992: 316) neben der Trümmerbeseitigung in den Mittelpunkt. Hierfür fanden bereits „1946/47 intensive Planungsarbeiten und Wettbewerbe" (NUTZ 1993: 159) der Städte in Gesamtdeutschland statt. Doch diese litten allesamt unter einem Problem: Aufgrund der Tatsache, dass sich nach dem Krieg kein städtebauliches Leitbild durchsetzen konnte, waren sie „nicht klar genug in der Aufgabenstellung begrenzt" (BEYME V. 1987: 275). So gab es einerseits Vorschläge einer Totalrekonstruktion der vielerorts mittelalterlichen historischen Stadtkerne oder aber auch Entwürfe moderner Neubauten mit neuer städtebaulicher Struktur.

Deswegen wurden für die Umsetzung der Wettbewerbsvorschläge in der Sowjetischen Besatzungszone schnell „politische und wirtschaftliche Bedingungen geschaffen, die sich von denen in den Westzonen stark unterschieden" (PAUL 1992: 316).

Schon mit den im September 1945 eingeleiteten „Verordnungen zur Bodenreform", im Rahmen des von der SMAD durchgeführten „Neubauernprogramms", kam es zu einschneidenden Veränderungen im Bodenrecht.

Dabei griff die Bodenreform besonders stark auf dem Land, da der Befehl Nr. 209 „die planmäßige Realisierung des Neubauernprogramms mit allen zur Verfügung stehenden Mitteln anordnete" (NUTZ 1993: 159). Auf diese Weise entschädigungslos erhaltenes Gebiet wurde zumeist an Flüchtlinge verteilt. Oberstes Ziel war es hierbei, sogenannte „Neubauern" auszubilden und so einen höheren Grad der Selbstversorgung der Bevölkerung sowie eine Verringerung des Imports an Nahrungsmitteln zu erreichen.

Bemerkenswert ist, dass sich auch Architekten für eine Umsetzung der Bodenreform stark machten, da durch diese nur wenig Rücksicht auf bestehende Besitzstrukturen genommen werden musste.

Jedoch wurden „die beschränkten Baumaterialien, die vor allem aus Trümmern gewonnen wurden, in erster Linie und unter ständiger Kontrolle der Sowjetunion für den Aufbau der Industrie und Energieversorgung" genutzt, was den „Klein- und Mittelstädten im ländlichen Raum, nur wenige Möglichkeiten zum sichtbaren Aufbau der zerstörten Stadtzentren, die über die Wiedererrichtung einzelner Gebäude hinausgehen" (NUTZ 1993: 159) einräumte.

Für die Entwicklung größerer Städte aber zeichnete sich eine andere Entwicklung ab. Die noch „vorhandene Nazi-Architektur wurde als Symbol einer verlogenen Zeit interpretiert" (HOSCISLAWSKI 1991: 38). Aus diesem Grund bot es sich an, sich wieder dem Bauhaus-Funktionalismus zuzuwenden, „dem in der Weimarer Republik gerade von Sozialdemokraten und Kommunisten Sympathien entgegengebracht worden waren, und dessen Prinzipien Eingang in die von der internationalen Architektenvereinigung CIAM verabschiedeten [...] „Charta von Athen", gefunden hatten" (HOSCISLAWSKI 1991: 38). Die CIAM (Congrès Internationaux d'Architecture Moderne) war eine in den Jahren 1928 bis 1959 stattfindende Reihe von Kongressen für Architekten und Stadtplaner, deren wichtigster Beschluss die „Charta von Athen" war.

Außerdem hatte die im Zuge der von der sowjetischen Besatzungsmacht verfolgten Entnazifizierung zur Folge, dass politisch unbelastete Architekten, insbesondere Vertreter des Neuen Bauens, mit ihren Ideen in der Sowjetischen Besatzungszone wirksam werden konnten. Dabei orientierten sich bekannte Anhänger des Neuen Bauens, wie Richard Paulick, Hermann Henselmann oder Otto Haesler auch am Baugeschehen der anderen Siegerstaaten, um den Anschluss an die „moderne Architekturentwicklung wiederzugewinnen" (HOSCISLAWSKI 1991: 40). Dazu wurden Planungsvorstellungen unter anderem von Le Corbusier, der Umgestaltung Groß-Londons oder aber auch der Gartenstadtidee aufgenommen.

Besonders der Einfluss der Gartenstadtentwicklung wird bei den Wiederaufbauplänen Berlins nach dem Krieg deutlich. „Am 23. Mai 1945 übernahm Hans Scharoun, in den zwanziger Jahren prominenter Architekt des Neuen Bauens, die Leitung der Abteilung Bau- und Wohnungswesen im Magistrat der Stadt Berlin" (DURTH et al. 1999a: 90) und versammelte weitere Architekten um sich. Schon kurze Zeit später sollte sich die Gruppe als „Planungskollektiv" bezeichnen und zunächst den Wiederaufbau Berlins leiten.

Fast schon radikal lehnte das Planungskollektiv einen Wiederaufbau des „bisher angewandten Radial- und Ringstraßensystems [als] überholt" (DURTH et al. 1999a: 94) ab und plante stattdessen, die gesamte Innenstadt durch ein gitterartiges Schnellstraßennetz zu erschließen. „Breite Grünstreifen untergliederten die Wohnviertel in einzelne „Wohnzellen" und ließen so eine „Stadtlandschaft" entstehen" (HOSCISLAWSKI 1991: 44), welche in den Planungen etwa 250 bis 300 Einwohner pro ha auswies.

Schon zum damaligen Zeitpunkt forderte die KPD außerdem eine für die DDR prägende Wohnungsbauweise: eine umfassende Rationalisierung, Normierung und Typisierung der Wohnungsbauproduktion (HOSCISLAWSKI 1991: 46). Diese Forderung sollte aber erst mehr als 15 Jahre später umgesetzt werden.

Darüber hinaus sahen viele Architekten in den durch den Krieg zerstörten Stadtzentren die Möglichkeit, das Stadtinnere umzugestalten und aufzulockern. An dieser Stelle wird deutlich, dass sich das Städteleitbild der Sowjetischen Besatzungszone zunächst nur wenig vom Leitbild des Westens unterschied. In beiden Zonen wurde die gegliederte, aufgelockerte, organisch gestaltete Stadt angestrebt. Dabei wusste die SMAD allerdings die vorangegangene Bodenreform bereits ideologisch zu nutzen und warb mit einer besseren Möglichkeit der Umsetzung architektonischer Planungen in der Sowjetischen Besatzungszone (SBZ).

Im April 1947 beschlossen die Außenminister der Alliierten in Moskau die Durchführung der Bodenreform für ganz Deutschland. Mit dem Beginn des Kalten Krieges distanzierten sich allerdings die Befürworter der Bodenreform im Westen wieder von ihrem Vorhaben, da sie durch das überstürzte und radikale Vorgehen in der SBZ abgeschreckt wurden.

Durch den Zusammenschluss von KPD und SPD zur Sozialistischen Einheitspartei Deutschlands (SED) am 21/22. April 1946, welche „nach massiver sowjetischer Beeinflussung zustande kam, verschob sich das politische Koordinatensystem der Sowjetischen Besatzungszone von einem Tag auf den anderen radikal zugunsten der Kommunisten" (CREUTZBERGER 1996: 44). Nachdem auch die SMAD bekundete, die SED als die „tragende Staatspartei der russischen Zone" (CREUTZBERGER 1996: 44) zu betrachten, sollte dies auf möglichst demokratische Weise bestätigt werden.

Aus diesem Grund fanden bereits 1946 erste Wahlen zur Gemeinde- und Stadtverordnetenvertretung statt und am Ende des Jahres 1946 wurden mit der neuen Demokratischen Gemeindeverfassung die ersten Kreis- und Landtagsvertreter gewählt (NUTZ 1993: 159). Dabei wurden die Kommunen von der Zentralverwaltung mit gerade noch so viel Handlungsspielraum ausgestattet, um einen geordneten Wiederaufbau organisieren zu können. In diesem Punkt hatte die SBZ gegenüber den westdeutschen Besatzungszonen gleichwohl einen großen zeitlichen Vorsprung, denn hier wurden erst Ende der 1940er Jahre Gemeinde- und Kreisverordnungen verabschiedet.

Die durch die frühen Wahlen zur Gemeinde- und Stadtverordnetenvertretung geschaffenen Bedingungen wurden durch den zunehmenden Einfluss der SED seit 1948 hinfällig. Denn diese strebte laut NUTZ (1993: 159) eine zentralistische politisch-administrative Struktur an, welche den Kommunen zunehmend die Befugnisse entzog.

Seit 1946 sind somit die „Anfänge des Kalten Krieges und immer deutlichere Abgrenzungen der westlichen Besatzungsmächte gegenüber den Forderungen der Sowjetunion festzustellen, die auf die kommende Teilung Europas hindeuten" (DURTH et al. 1999a: 96).

2.3 Zentralismus im Städtebau

In den folgenden Jahren kommt es schließlich zu Entwicklungen, in welcher sich die Sowjetische Besatzungszone von den Westlichen Besatzungszonen immer weiter separieren wird.

Durch den Zusammenschluss der Amerikanischen und Britischen Besatzungszone zur Bi-Zone am 1. Januar 1947, mit eigener zentralistischer Wirtschaftslenkung, ergriff die Sowjetunion die Chance, ihre zuvor praktizierte Zurückhaltung hinsichtlich einer einheitlichen, zentralen Verwaltung aufzugeben.

Am 4. Juni 1947 kam es mit dem Befehl Nr. 138 der SMAD zur Gründung der Deutschen Wirtschaftskommission (DWK), die mit der länderübergreifenden, zonalen Wirtschaftslenkung beauftragt wurde. Am 12. Februar 1948 wurde ihr durch den Befehl Nr. 32 der Auftrag des „Aufbaus einer Friedenswirtschaft" zugetragen, der unter Koordinierung der Zentralverwaltungen erfolgen sollte (DÜWEL 1995: 46).

Und mit der am 24. November 1948 erlassenen Kommunalwirtschaftsverordnung, welche Wirtschaftsunternehmen, Dienstleistungsbetriebe und andere zu einem Kommunalwirtschaftsunternehmen zusammenfasste, in Volkseigentum überführte und der zentralistisch gesteuerten DWK unterstellte, wurde den Gemeinden und Städten schließlich jegliche Grundlage zur individuellen Gestaltung genommen (NUTZ 1993: 159).

Abschließend muss festgehalten werden, dass in der SBZ wesentlich mehr geplant als gebaut wurde. Nur wenige Projekte gingen über den Status der Planung hinaus. Von den durchaus ambitionierten Zielsetzungen des „Planungskollektivs Berlin" wurden lediglich ein paar Laubenhäuser umgesetzt. Und das vollkommen zerstörte Stadtzentrum Dresdens lag beispielsweise noch 1949 brach.

Doch wie groß waren die Chancen einer grundlegenden Umgestaltung der Städte tatsächlich? Trotz der massiven Zerstörung oberirdischer Bauten besaß jede Stadt eine im Grunde intakte unterirdische Bausubstanz, wie beispielsweise Kanalisation und Gasleitungen. Dieser Umstand konnte angesichts der angespannten materiellen Lage nach Kriegsende nicht unberücksichtigt bleiben. Aus diesem Grund wurden vielerorts Gebäude mit dem Vorsatz wiederhergestellt, das wirklich „Neue" unter besseren Bedingungen später aufzubauen. Viele dieser Gebäude stehen allerdings noch heute.

Dabei gibt es auch nicht wenige Architekten, die der Meinung sind, dass eine große Chance des Wiederaufbaus vertan wurde. Westdeutsche Architekten blickten zunächst sogar neidisch in die SBZ aufgrund der Möglichkeiten, welche die Bodenreform bot. Willi Stoph, damaliger Leiter der Abteilung Baustoffindustrie und Bauwirtschaft des KPD-Vorstandes, stellte bereits 1948 fest: „ja wir kennen nicht einmal die wichtigsten städtebaulichen Grundsätze, die in Zukunft Gültigkeit haben werden" (DÜWEL 1995: 48). Damit brachte er die Unsicherheit der Planer in der Zeit von 1945 bis 1949 auf den Punkt. Denn wie sollte überhaupt geplant und gebaut werden? Es herrschten tatsächlich mehrere Leitbilder für die Stadt der Zukunft vor. Die Idee der Stadtlandschaft für Ostberlin oder die funktionelle Stadt sollen an dieser Stelle nicht unerwähnt bleiben.

Dies stellte ab 1949 auch die Regierung der Deutschen Demokratischen Republik (DDR) fest, und entsandte 1950 eine Gruppe von Parteifunktionären nach Russland. Diese als „Reise nach Moskau" in die Geschichte eingegangene Fahrt sollte in den „Sechzehn Grundsätzen des Städtebaus" gipfeln und das Gesicht vieler Städte der DDR bis heute entscheidend prägen.

3. Der Wiederaufbau in der Deutschen Demokratischen Republik

3.1 Die Anfänge in der Deutschen Demokratischen Republik

Nachdem am 23. Mai 1949 in den westdeutschen Besatzungszonen das Grundgesetz verkündet wurde und damit die Gründung der Bundesrepublik Deutschland beschlossen war, zog die Sowjetische Besatzungszone am 7. Oktober 1949 mit dem Inkrafttreten der Verfassung der Deutschen Demokratischen Republik (DDR) nach. Dadurch wurde der Grundstein für das Nebeneinander zweier deutscher Völker und eines andauernden Klassenkampfes seitens der Sowjetunion für die nächsten 40 Jahre gelegt.

Die gesellschaftlichen und ökonomischen Voraussetzungen aber haben sich nach DÜWEL (1995: 49) bereits Anfang 1949 soweit verfestigt, dass zu einer stabileren Aufbauplanung übergegangen werden konnte.

Mit der Gründung der DDR wurden die DWK-Hauptverwaltungen, teilweise nach einzelnen Zusammenlegungen, in Ministerien umgewandelt. So ging aus der Hauptverwaltung Bauwesen das Ministerium für Aufbau hervor, wobei das Personal zum größten Teil übernommen wurde (DÜWEL 1995: 52). Leiter des Ministeriums für Aufbau wurde Lothar Bolz.

Der auch als „Stalinisierung" bezeichnete Prozess des zunehmenden Einflusses Josef Stalins auf die Kulturpolitik, trat mit stärker werdendem Ost-West Konflikt immer deutlicher zutage. Dies hatte für die Architekten der DDR eine zunehmende, zwangsweise Orientierung am Vorbild der Sowjetunion zur Folge.

3.2 Die Reise nach Moskau

Aus diesem Grund reiste vom 12. April 1950 bis zum 25. Mai 1950 eine Delegation mit dem Ziel Moskau durch die Sowjetunion, um letztlich die „immer wieder geforderten Grundsätze des Städtebaus [zu] formulieren" (DURTH et al. 1999a: 141).

Leiter der Reise war Lothar Bolz. Weitere Delegationsmitglieder waren Walter Pisternik, Leiter der Hauptabteilung Bauwesen im Aufbauministerium; Kurt Liebknecht, Direktor des Instituts für Städtebau und Hochbau beim Aufbauministerium; Waldemar Alder, Leiter der industriellen Projektion in der Hauptabteilung Bauindustrie im Ministerium für Industrie; Edmund Collein, Leiter für Hochbau im Hauptamt für Bau- und Wohnungswesen im Magistrat von Groß-

Berlin, sowie Kurt W. Leucht, Leiter des Stadtplanungsamts Dresden (DÜWEL 1995: 69).

Als die Reisegruppe in Moskau ankam, musste die Stadt „auf die Besucher aus dem in Trümmern liegenden Berlin wie ein überwältigendes Wunderwerk an baulicher Schönheit und technischer Präzision" (DURTH et al. 1999a: 143) gewirkt haben.

Am 20. April 1950 kam es im Ministerium des Städtebaus in Moskau zu einer Unterredung mit dem Leiter der Hauptverwaltung Städtebau, Wiktor Baburow. Zu diesem Zeitpunkt hatte sich die Reise nach Moskau längst zu einer Lehrstunde für die deutschen Parteifunktionäre entwickelt.

Dabei wurde der von Collein vorgestellte Kollektivplan zum Wiederaufbau Berlins von den russischen Kollegen nahezu zerrissen. Vielmehr müsse man das Vorhandene, wie die Kanalisation, nutzen, das „kulturelle Erbe" bewahren und mit dem „Neuen" sparsam umgehen (DURTH et al. 1999a: 144f). Bubarow ging sogar noch einen Schritt weiter und verschärft den Ton gegenüber der Stadtplanung Berlins: „In Berlin hat man bei der Planung der Wohnzellen das amerikanisch-englische Prinzip zugrunde gelegt. Hier wird der Mensch vom ganzen isoliert und dem politischen Leben entfremdet" (DURTH et al. 1999a: 146). In der Sowjetunion aber werden „die Städte gebaut von der Industrie für die Industrie, Städte an sich gibt es nicht. Das ist das sozialistische Gesetz." (DURTH et al. 1999a: 146) fasste der stellvertretende Minister Simonow zusammen.

Die deutschen Architekten wurden geradezu vorgeführt und „saugten" dennoch alles Gesagte regelrecht auf. „Als sollten sie ihre Moskauer Lektion auswendig lernen, werden die wichtigsten Aussagen immer wieder in Kernpunkten und Stichworten zusammengefasst" (DURTH et al. 1999a: 146). Am Ende der Studienreise wurde der Kollektivplan schließlich ganz verworfen und gänzlich neue Anforderungen an den Städtebau formuliert.

Als wichtigste Kriterien galten von nun an Schönheit, Monumentalität, Bequemlichkeit und Tradition. Die genannten Merkmale sollten hierbei auch im Wohnungsbau, vor allem aber in den Zentren der Städte eingesetzt werden, denn „Seele der Stadt ist das Zentrum!" (DURTH et al. 1999a: 146).

Dabei nahmen die russischen Architekten auch immer wieder Bezug auf den „Westen" und distanzieren den Sozialismus vom Formalismus, welcher als Fehler der Vergangenheit betrachtet und korrigiert werden müsse.

Das für die nächsten Jahre verbindliche Leitmotiv des Städtebaus wurde vom Leiter der Hauptabteilung Hochbauten des Ministeriums für Städtebau, Boris Rubanenko, formuliert: „Die Kultur ist dem Inhalt nach eine sozialistische, der Form nach eine nationale" (DURTH et al. 1999a: 147). Auch wenn diese Formulierung in den „Sechzehn Grundsätzen des Städtebaus" später in abgewandelter Form im 14. Grundsatz veröffentlicht wurde: „Die Architektur muss dem Inhalt nach demokratisch und in der Form nach national sein" (Grundsätze des Städtebaus 1950: 155).

3.3 Die „Sechzehn Grundsätze des Städtebaus"

Zurück in der DDR beschloss am 27. Juli 1950 der Ministerrat „Die sechzehn Grundsätze des Städtebaues" als klar kontrastiertes Gegenbild zur aufgelockerten und gegliederten Stadt mit Wohnzellen und Nachbarschaften und setzt damit gleichzeitig neue Anforderungen an die Architekten der DDR. Von Bedeutung sei nun ins Besondere die Darstellung des künstlerischen Inhalts, bei gleichzeitig kritischem Aneignen des Erbes der Vergangenheit und einer Meisterschaft des Könnens seitens der Architekten (DURTH et al. 1999a: 148).

Zugleich bedeuteten „Die sechzehn Grundsätze des Städtebaus" das Ende aller Gegen- und Nebeneinander existierenden Planungskonzepte und Architekturauffassungen.

An Stelle des Formalismus sollte das Prinzip des sozialistischen Realismus treten (HOSCISLAWSKI 1991: 57). Der sozialistische Realismus war seit 1934 der für verbindlich erklärte Ansatz im Bereich der Kultur, d.h. auch in der Literatur, Musik und der bildenden Kunst. Die Kunsttheorie des sozialistischen Realismus sieht seine Aufgabe darin, „die Menschen im Geiste des Sozialismus ideologisch umzuformen und zu erziehen" und wird als „wahrheitsgetreue, historisch konkrete Darstellung der Wirklichkeit in ihrer revolutionären Entwicklung betrachtet" (HOSCISLAWSKI 1991: 58).

Die Richtlinien des sozialistischen Realismus sollten aber auch auf die Architektur und den Städtebau angewendet werden. Dementsprechend wurden die Prinzipien der Charta von Athen und des Bauhauses abgelehnt und die westdeutsche und amerikanische Architektur als Ausdruck des Kapitalismus abgetan (HOSCISLAWSKI 1991: 61). Um sich vom Westen abzugrenzen, sollte sich auf die nationalen Traditionen des Bauens konzentriert werden. Dabei betonte der Architekt Kurt LIEBKNECHT, dass es „nicht um unschöpferisches kopieren vergangener Stile [...], sondern um die schöpferische Weiterentwicklung auf einer historisch gegebenen nationalen Grundlage" (zitiert bei HOSCISLAWSKI 1991: 68) ginge. Für ihn kam nur eine kritische Verwendung und Weiterentwicklung von Klassizismus, Renaissance, Barock und Gotik in Betracht. Der Sozialismus sollte dabei nicht mehr als eine weitere Etappe in der Geschichte angesehen werden, sondern als höchste Stufe des Entwicklungsprozesses (DÜWEL 1995: 25).

Doch das neue Leitbild konnte sich nicht sofort durchsetzen. Viele Architekten der DDR galten als Anhänger des Neuen Bauens, darunter Persönlichkeiten wie Hermann Henselmann, Hans Hopp und Richard Paulick. Sie hatten vor allem Probleme mit der Formulierung: Was bedeutet eigentlich „demokratisch" in der Architektur? Und wie soll die Umsetzung neuer Ideen mit alten Formen vonstattengehen?

Erst durch die Einführung der Architekturkontrolle konnte sich der Sozialistische Realismus durchsetzen. Diese Kontrollinstanzen wurden beim Ministerrat, beim Ministerium für Aufbau und bei den Räten der Bezirke geschaffen. Diese vermochten Planungsvorschläge zu verwerfen, nachbessern zu lassen oder zu empfehlen. Somit konnten die Architekten nicht mehr die Traditionen des Bauhauses weiterführen, sondern waren dem sozialistischen Realismus verpflichtet (HOSCISLAWSKI 1991: 63f).

Als sich schließlich Hermann Henselmann, einer der berühmtesten Vertreter des Neuen Bauens in der DDR, im Jahre 1951 von seiner ehemaligen Position distanzierte, war die öffentliche Diskussion um Formalismus und Realismus zu Gunsten des Realismus endgültig beendet (HOSCISLAWKSI 1991: 63). Als Folge verließen viele Architekten die DDR und gingen ins Exil oder widmeten sich anderen Aufgabenfeldern.

Die „Sechzehn Grundsätze des Städtebaus" sind erst durch den Einfluss der „Reise nach Moskau" entwickelt und bewusst als Gegenstück zur „Charta von Athen" geplant worden. Der erste Grundsatz verlautbart beispielsweise, dass die Stadt als „die wirtschaftlichste und kulturreichste Siedlungsform [...] in

Struktur und architektonischer Gestaltung Ausdruck des politischen Lebens und des nationalen Bewusstseins des Volkes" (BOLZ 1951: 32) ist. Außerdem stellte BOLZ (1951: 16) klar: „Es ist kein Zufall, dass das Ministerium nicht etwa Ministerium für Wiederaufbau heißt, sondern Ministerium für Aufbau." Der Wiederaufbau macht nur Sinn, „wenn wir ihn als Aufbau eines Neuen betrachten und betreiben."

Der zweite Grundsatz legte fest: „Das Ziel des Städtebaus ist die harmonische Befriedigung des menschlichen Anspruches auf Arbeit, Wohnung, Kultur und Erholung" (Grundsätze des Städtebaus 1950: 154). Dieser und weitere der Grundsätze unterscheiden sich allerdings nur wenig vom Entwurf der CIAM und ihrer „Charta von Athen".

Der fünfte Grundsatz orientiert sich sogar am Städteleitbild der BRD, dem sogenannten organischen Städtebau. Da heißt es: „Der Stadtplanung zugrunde gelegt werden müssen das Prinzip des Organischen und die Berücksichtigung der historisch entstandenen Struktur der Stadt bei Beseitigung ihrer Mängel" (Grundsätze des Städtebaus 1950: 154).

Die wichtigste Rolle in der Stadt sollte das Stadtzentrum innehaben. Dies sei „der politische Mittelpunkt für das Leben der Bevölkerung" und Standort der „politischen, administrativen und kulturellen Stätten" (Grundsätze des Städtebaus 1950: 154) schreibt der sechste Grundsatz fest. Plätze hätten demnach vor allem Aufmärschen, politischen Demonstrationen und Volksfeiern zu dienen. Deswegen war geplant, das Zentrum mit „den wichtigsten und monumentalsten Gebäuden" zu bebauen, welche die „architektonische Silhouette der Stadt" bestimmen (Grundsätze des Städtebaus 1950: 154). Diese Voranstellung des Stadtzentrums wird noch einmal in Grundsatz 9 festgehalten.

Im Gegensatz zu dem späteren Leitmotiv der „autogerechten Stadt" in Westdeutschland, wurde im achten Grundsatz festgelegt, „der Verkehr hat der Stadt und ihrer Bevölkerung zu dienen" und müsse sogar aus dem „Zentrum und dem zentralen Bezirk" (Grundsätze des Städtebaus 1950: 155) der Stadt ferngehalten werden, um die Ruhe und Geschlossenheit der Wohnbezirke zu berücksichtigen. Im zehnten Grundsatz wird auf die Wohngebiete genauer eingegangen, die hierarchisch in Wohnbezirke, Wohnkomplexe und Häuserviertel dreigegliedert sind.

Der zwölfte Grundsatz wendet sich deutlich gegen die Idee der Gartenstadt des Westens, zu welcher Lothar BOLZ sagte „Nicht umsonst ist die Gartenstadtidee das Ideal amerikanischer und englischer Polizeipräsidenten; denn ihr Ziel ist, den arbeitenden Menschen in einen Karnickelzüchter und Blumenkohlbauer zu verwandeln." (zitiert bei BEYME V. 1987: 283).

Im 13. Grundsatz wird die Wirtschaftlichkeit des vielgeschossigen Bauens betont, „was zu einer Industrialisierung des Bauwesens, zur Normung und Typung führen musste" (NUTZ 1998: 102).

Zusammenfassend lässt sich festhalten, dass „Die Sechzehn Grundsätze des Städtebaues" trotz einiger Übereinstimmungen im Wesentlichen eine deutliche Abwendung von den Ansichten der CIAM aus den dreißiger und vierziger Jahren sind. Sie wenden sich entschieden gegen die Idee des modernen Städtebaus, der Gartenstadt, gegen den Funktionalismus, sowie gegen die ursprünglich auch für Berlin geplante Idee der Stadtlandschaft.

3.4 Das Aufbaugesetz

Gleichzeitig mit den „Sechzehn Grundsätzen des Städtebaus" wurde am 6. September 1950 das „Gesetz über den Aufbau der Städte in der Deutschen Demokratischen Republik und der Hauptstadt Deutschlands, Berlin" („Aufbaugesetz") von der Volkskammer verabschiedet. Zusammen bildeten sie in den folgenden Jahren die Grundlage für alle Tätigkeit auf dem Gebiet der Architektur der Stadt (SCHÄTZKE 1991: 40).

Ebenfalls am 6. September 1950 wurde die Deutsche Bauakademie nach sowjetischem Vorbild gegründet, die direkt dem Ministerium für Bauwesen unterstand. Hervorgegangen ist die Deutsche Bauakademie aus dem Institut für Städtebau und Hochbau beim Ministerium für Aufbau und dem Institut für Bauwesen der Akademie der Wissenschaft. Gründungspräsident wurde Kurt Liebknecht, der bis 1961 Präsident der Deutschen Bauakademie blieb (DÜWEL 1995: 112).

Dabei ist das wichtigste „Organ des Städtebaus [...] in der DDR die Deutsche Bauakademie als zentrale wissenschaftliche Institution des Ministeriums für Bauwesen. Sie untersteht direkt den Weisungen des vom ZK der SED kontrollierten Staatsapparates der DDR und insbesondere der Staatlichen Plankommission als Organ des Ministerrats" (RICHTER 1974: 183). Dies verdeutlicht, dass die Planung und Bauausführung des Städtebaus alleinige Aufgabe staatlicher Organe war. Dabei bestimmte die Deutsche Bauakademie das städtebauliche Leitbild.

Neben der Deutschen Bauakademie wurde unter der Leitung von Hanns Hopp 1952 der Bund Deutscher Architekten der DDR (BDA) gegründet. Gemeinsam sollten beide Institutionen die Entwicklung der deutschen Architektur und eines fortschrittlichen Städtebaus vorantreiben (SCHÄTZKE 1991: 42).

Des Weiteren wurde 1951 die Zeitschrift „Deutsche Architektur" als offizielle Bauzeitschrift gegründet und vom BDA herausgegeben. Sie hatte laut LIEBKNECHT das Ziel, Raum für öffentliche Diskussionen zu bieten, aber dabei vor allem der „Entwicklung und Popularisierung eines fortschrittlichen Städtebaus und einer deutschen Architektur" (zitiert bei SCHÄTZKE 1991: 42) zu dienen.

Zusammengenommen hatte das Ministerium für Bauwesen nun mit dem Aufbaugesetz, der in der Verfassung verankerten zentralen Planung und der Schaffung sozialer Eigentumsverhältnisse das machtvollste Instrument zur Umsetzung der „Sechzehn Grundsätze des Städtebaus".

Auf diese Art konnte das Ministerium für Bauwesen, angefangen bei den Instituten für Bauforschung wie der Bauakademie der DDR bis hin zu Betrieben der Baumaterialindustrie alle wesentlichen Bereiche steuern und kontrollieren.

Im Aufbaugesetz selbst, war der Bezug zu den „Sechzehn Grundsätzen des Städtebaus" in Paragraph 7 verankert. So heißt es: „Für die Planung und den Aufbau der Städte sind die vom Ministerrat der Deutschen demokratischen Republik am 27.7.1950 beschlossenen „Grundsätze des Städtebaues" zugrunde zu legen" (Aufbaugesetz 1950, zitiert bei DURTH et al. 1999b: 89).

Paragraph 1 verdeutlicht, dass der Wiederaufbau der Städte der DDR eine hohe Priorität hatte. Dieser sollte im Rahmen des Volkswirtschaftsplans durchgeführt und in die gesamtwirtschaftliche Planung eingebunden werden, was den hohen Stellenwert erklärt. Zugleich wurde jedoch der regionalen bzw. kommunalen Ebene die Planung des Wiederaufbaus entzogen.

Gemäß dem Grundsatz „Von der Industrie für die Industrie" ist in Paragraph 2 festgeschrieben, dass zunächst die Städte der Industriezentren, wie Dresden, Leipzig oder Chemnitz höchste Dringlichkeit beim Wiederaufbau haben. Einzige Ausnahme bildet hierbei Berlin als Hauptstadt der DDR, welche nach Pa-

ragraph 3 die „Anteilnahme der Bevölkerung ganz Deutschlands" (Aufbaugesetz 1950, zitiert bei DURTH et al. 1999b: 89) erfordere.

Paragraph 4 hingegen machte das Ministerium für Aufbau für die Planung des
Wiederaufbaus und die Erforschung neuer Baustoffe und Bauverfahren zur
Beschleunigung der Industrialisierung des Bauens verantwortlich.

In Paragraph 8 wurden die Ideen der „Sechzehn Grundsätze des Städtebaues"
wieder aufgegriffen. Als „städtebildende Faktoren" (Aufbaugesetz DDR 1950,
zitiert bei DURTH et al. 1999b: 89) wurden die Industrie, Verwaltungsorgane
und Kulturstätten festgelegt. Nach NUTZ (1998: 108) kann „Industrie als Synonym für Wirtschaft verstanden [werden], Verwaltung stellvertretend für zentralistische Struktur [...], Kultur für Bildung und intellektuelle Entwicklung."

In Paragraph 14 des Aufbaugesetzes wurde festgelegt, dass die Regierung
Städte, Kreise und Gemeinden oder Teile davon zu Aufbaugebieten ernennen
kann. Das Ministerium für Bauwesen besaß demnach „das gesellschaftliche
Verfügungsrecht über Grund und Boden – das bedeutete für den Wiederaufbau
die Enteignung des privaten Besitzes" (PAUL 1992: 318).

Dies war an sich nichts ungewöhnliches, denn Enteignungen gab es auch in der
BRD, wie das Grundgesetz Art. 14,2 erklärt: „Eigentum verpflichtet. Sein Gebrauch soll zugleich dem Wohle der Allgemeinheit dienen." Ähnlich lautet es
in Art. 24,1 der Verfassung der DDR: „Eigentum verpflichtet. Sein Gebrauch
darf dem Gemeinwohl nicht zuwiderlaufen."

Der entscheidende Unterschied zwischen beiden Staaten lag in der Entschädigung. VON BEYME (1987: 276) stellte hierbei fest, dass im Grundgesetz die
Enteignung an ein Gesetz gebunden ist und ein Weiteres die Entschädigung
regelt. In der DDR hingegen war für den Fall, dass ein „Missbrauch des Eigentums zur Begründung wirtschaftlicher Machtstellung" vorliegt, in Art. 24,2
eine entschädigungslose Enteignung vorgesehen. Dies galt nach Art. 24,3 - 5
ebenfalls für „Aktive Nationalsozialisten, Monopolorganisationen und Groß-
grundbesitzer über 100 ha." Zwar regelte Art. 23,1 die Enteignung „gegen an-
gemessene Entschädigung soweit das Gesetz nicht anderes bestimmt", dieser
Artikel konnte jedoch durch einfache Gesetzgebungen oder Verordnungen um-
gangen werden.

Erst mit der Verfassung von 1968 mussten „Entschädigungen gezahlt werden
und das Eigentum war nicht mehr Freiwild für Begehrlichkeiten von Planbe-

hörden" (BEYME V. 1987: 277). Dies hatte einen grundlegenden Einfluss auf weitere Bauvorhaben in der DDR.

3.5 Der erste Fünfjahrplan von 1951 bis 1955

Im ersten Fünfjahrplan von 1951 hatte zunächst der Industriebau die höchste Priorität, was für die neuen Städte in der DDR bedeutete, dass diese aus Überlegungen zur Industriepolitik entstanden und keine Maßnahmen einer unabhängigen Städtebaupolitik waren. Dennoch wurde auch dem Wiederaufbau kriegszerstörter Städte eine gewisse Wichtigkeit eingeräumt. Aus diesem Grund wurden im Fünfjahrplan 4 Milliarden Mark festgelegt, welche für den „Wiederaufbau und die Neugestaltung der Hauptstadt Deutschlands, Berlin, und der wichtigsten industriellen und kulturellen Zentren der Republik" (COLLEIN 1955: 532) verwendet werden sollten.

Hierfür wurden neben Berlin 53 Städte bestimmt, welche nach der Dringlichkeit der Planung in vier Kategorien eingeteilt wurden.

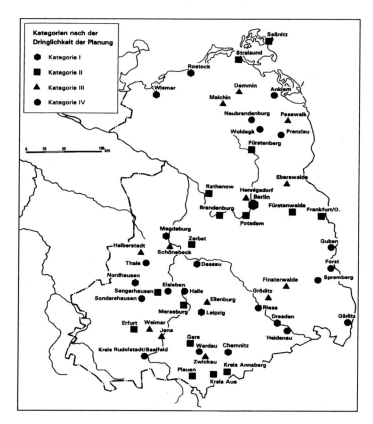

Abbildung 1: Wiederaufbaustädte der DDR
Quelle: NUTZ 1993: 161

Abbildung 1 zeigt diese Städte nach ihrer Priorität markiert. Dabei sind die Kriterien zur Einteilung allerdings nicht ganz nachvollziehbar. VON BEYME (1987: 293) stellte fest, dass „der Zerstörungsgrad nicht ausschlaggebend gewesen zu sein [schien]. Industriestandorte und Wirtschaftspläne scheinen Vorrang gehabt zu haben."

Von den 4 Milliarden Mark wurden 2 Milliarden Mark für Berlin, eine weitere Milliarde für Dresden, Magdeburg, Chemnitz und Dessau vorbestimmt. Dies bedeutete, dass für die anderen 48 Städte nur rund eine Milliarde Mark zur Verfügung standen. Allerdings ist auch hier die Verteilung der Gelder nicht ganz klar und heute nicht mehr nachvollziehbar.

4. Phasen des Städtebaus in der DDR

4.1 Das Leitbild der „schönen deutschen Stadt"

Zeitgleich mit der Bekanntgabe der „Sechzehn Grundsätze des Städtebaus" sowie dem Aufbaugesetz am 7. September 1950 sprach Lothar BOLZ erstmalig von der „schönen deutschen Stadt" und forderte, dass „in ganz Deutschland die Städte nach dem neuen Gesetz als schöne deutsche Städte gebaut werden" (zitiert bei DÜWEL 1995: 63) sollten.

Synonym zum Begriff der „Schönheit" wurde im Bezug auf die von Stalin geforderte Architektur oftmals auch von „historisch, national oder künstlerisch" gesprochen. Die Architekten hatten die Aufgabe „ausgehend von den großen wertvollen Bautraditionen der Vergangenheit, eine deutsche Architektur zu entwickeln, die dem deutschen Volke verständlich ist und seiner nationalen Eigenart entspricht" (HOSCISLAWKSI 1991: 67).

Klaus VON BEYME (1987: 287) definiert ab diesem Zeitpunkt bis 1955 die erste Phase des Städtebaus in der DDR als „die Phase der Anknüpfung an nationale Bautradition".

Man muss an dieser Stelle noch einmal deutlich machen, wie sehr sich der Städtebau der DDR bereits zu diesem Zeitpunkt vom Städtebau der BRD unterschied. Während in der BRD bewusst auf eine Nachahmung historischer Stile verzichtet wurde, der Wiederaufbau dabei trotzdem „gewissermaßen den zerrissenen Faden der Geschichte wieder knüpfen" (PAUL 1992: 319) sollte, wurde in der DDR bewusst kopiert, auch wenn dies öffentlich anders dargestellt wurde. Denn um die neue „Gesellschaftsform, des neuen Staates und der ihr tragenden Partei" zu manifestieren, bediente man sich historischer Stile um den Anspruch erheben zu können, „die kulturelle Nachfolge zu dokumentieren" (PAUL 1992: 319).

Damit die von BOLZ geforderte „schöne deutsche Stadt" entstehen konnte, wurden von der Bauakademie und dem „Nationalen Aufbauprogramm" 1952 schließlich folgende städtebauliche Merkmale festgelegt: „Im Zentrum liegen die wichtigsten politischen, administrativen und kulturellen Stätten und die öffentlichen Räume für die Selbstdarstellung der neuen Gesellschaft, also für politische Demonstrationen und Volksfeiern. Die wichtigen Funktionen erhalten monumentale Gebäude, die die Komposition des Stadtplans und das architektonische Panorama der Stadt beherrschen" (BEYME V. 1992: 319). Die Mitte

der Stadt sollte „weder ein Handelszentrum mit einer Menge zusammenge-
drängter Warenhäuser noch ein Vergnügungszentrum mit eleganten Restau-
rants, Varietés usw., noch ein Finanzzentrum mit Banken und Verwaltungsge-
bäuden der Konzerne" (BOLZ 1951: 43) werden. Dies war eine eindeutige Ab-
kehr von der im Westen zunehmenden Citybildung und sollte durch eine ge-
lenkte Verdichtung der Wohnbevölkerung im Innenstadtbereich erreicht werden.

Um den Machtbestand des Staates zu demonstrieren, wurden drei Hauptele-
mente gewählt, welche dem Ausbau Moskaus nach Stalins Vorstellungen entsprachen. Der Zentrale Platz würde für Aufmärsche und politische Demonstrationen genutzt werden. Die Einrichtung einer Magistrale für militärische und
politische Paraden und die Errichtung eines Turmhauses sollten eine horizontale und vertikale Dominante repräsentieren. Dabei wurde die Fassadengestaltung „in aufdringlicher Weise" (RICHTER 1974: 184) durch starken Gebrauch
von teurem und aufwendigem Fassadendekor betont.

Nach dem sechsten Grundsatz des Städtebaus sollte das Stadtzentrum Mittelpunkt des politischen Lebens sein. Aus diesem Grund hatte der Zentrale Platz
für Standdemonstrationen zu dienen, und die Magistrale dem Ablauf von
Fließdemonstrationen. Demnach war „das Maß für das Zentrum nicht der in
modernen Kraftwagen, die Stadt durcheilende Reisende, sondern der zu Fuß
gehende Mensch, der politische Mensch und seine Marschgeschwindigkeit"
(BOLZ 1951: 43). Aus dieser Vorgabe heraus entwickelten sich im Zentrum fast
jeder größeren Stadt der DDR überdimensionierte öffentliche Räume, „die aus
dem Stadtgrundriss herausgebrochen wurden" (HOSCISLAWKSI 1991: 100). Für
die Gestaltung der Räume war der einheitliche Stil des „Sozialistischen Realismus" verpflichtend, was in der DDR nichts anderes bedeutete, als aufwendig
und teuer, geradezu eklektizistisch mit vielen kleinen Türmchen und Säulen an
den Gebäuden zu arbeiten.

Neben dem Zentralen Platz und der Magistrale sollte aber noch ein drittes Ele-
ment die Größe der sozialistischen Epoche widerspiegeln. In vielen Planungen
zu Beginn der 1950er Jahre fand sich als „Stadtkrone am Zentralen Platz"
(HOSCISLAWKSI 1991: 101) ein alles dominierendes Turmhaus wieder. Dieses
symbolisierte die Standhaftigkeit, die Dauer und die aufstrebende Kraft des
Sozialismus und war als Kulturhaus und Begegnungsstätte geplant. Doch ange-

sichts der hohen Kosten für den Bau eines solchen Turmhauses und den noch immer existierenden Wohnraummangel wuchs der Widerstand seitens der Bevölkerung sehr schnell.

Neben den repräsentativ wichtigen Städten spielten auch die Städte am Werk, gemäß der Maxime „Städte von der Industrie für die Industrie" eine besondere Rolle. Deswegen lässt sich in vielen Stadtplänen eine Ausrichtung der Magistrale auf das Werk wiederfinden, welche den Arbeiterstrom vom und zum Werk zu lenken hatte.

Noch heute sind in vielen ostdeutschen Städten weitere Relikte dieser geforderten Dominanten wiederzufinden. In Leipzig prägt das von Henselmann entworfene Universitäts-Hochhaus die Stadt-Silhouette. In Dresden wird über eine sinnvolle Nutzung des großen Altmarktes diskutiert und in Berlin zählt die Karl-Marx Allee zu den wohl bekanntesten und gleichzeitig markantesten Beispielen für eine Magistrale.

Für die praktische Umsetzung der Aufbaupläne wurde es schließlich notwendig, die ganze „Bevölkerung zu mobilisieren und zur Mitarbeit außerhalb der regulären Arbeitszeit zu bewegen" (NUTZ 1993: 162). Hierfür wurde vom Staat das Nationale Aufbauwerk (NAW) gegründet. Von staatlicher Seite aus gesehen löste es „eine vorher nie dagewesene Massenbewegung unter der Bevölkerung aus, die sich mit großer Begeisterung der [...] Enttrümmerung [...] und dem komplexen Aufbau [...] zuwendete" (Deutsche Bauakademie 1969: 18f). Von Kritikern hingegen wurde es kurz als „Zwangsarbeit nach Feierabend" (HOFFMANN 1972: 245) verurteilt.

Dem Wohnungsbau wurde in der ersten Phase des Wiederaufbaus vom Staat relativ wenig Beachtung geschenkt. Dies kann daran gelegen haben, dass „der Wohnraum in den Großstädten der DDR [...] im Durchschnitt weniger zerstört [war] als in Westdeutschland" (BEYME V. 1987: 284), aber auch an der Tatsache, dass ein Großteil der Kriegsflüchtlinge nach Westen weitergewandert war. Gebaut wurden fünf- bis sechsgeschossige Wohn- oder Wohngeschäftshäuser in Randbebauung mit geschlossener Bauweise und offenen Innenhöfen. „Es werden also konventionelle Bau- und Siedlungsformen der zwanziger Jahre übernommen. Diese konservativen Siedlungsschemata werden durch monumentale Baukörper angefüllt" (RICHTER 1974: 184). In den Stadtzentren sollten aber auch ökonomisch unrentable Einrichtungen, wie beispielsweise Altersheime, durch die Vergesellschaftung des Bodens einen Platz finden. Walter ULBRICHT, damaliger Generalsekretär des Zentralkomitees der SED, äußerte sich 1951 zur Problematik des Wohnungsbaus wie folgt: „Der Bau von Wohnorten [...] ist Ausdruck der Tatsache, dass die Sowjetarchitektur der Stalinschen Fürsorge um den Menschen dient" (zitiert bei RICHTER 1974: 184).

Das Wohnen selbst sollte trotz des geringen Zuwachses an Wohnraum in Wohnkomplexen organisiert werden, welche zusammen einen Wohnbezirk bildeten. In diesen waren alle Versorgungseinrichtungen des täglichen Bedarfs zu finden. Dazu zählen unter anderem Schulen, Kindergärten, Konsummärkte und Gaststätten, aber auch Fernsehräume und Klubsäle, welche eine „sozialistische Funktion" inne hatten, da es in Wohnkomplexen keinen Klassenunterschied gab. Zu diesem Zeitpunkt wurde eine Richtgröße von 3000 bis 7000 Einwohnern pro Wohnkomplex von den Stadtplanern als ideal angesehen (WALLERT 1974: 179f).

4.2 Die große Wende im Bauwesen

Bereits wenige Jahre später musste festgestellt werden, dass die von ULBRICHT hochgelobte „Fürsorge um den Menschen" wohl nicht ausreiche, da schlicht und einfach zu langsam, zu aufwendig und zu teuer gebaut wurde, um ausreichend Wohnraum zu erschaffen. Dies leitete schließlich die zweite Phase des Städtebaus in der DDR ein: nach VON BEYME (1987: 291) „die Phase des industrialisierten Wohnungsbaus".

Der Tod Stalins am 5. März 1953 verdeutlicht, wie groß der sowjetische Einfluss auf die Städtebaupolitik in der DDR eigentlich war. Denn während am 30. November 1954 der neue Parteichef der Kommunistischen Partei der Sowjetunion (KPdSU) Nikita Chruschtschow auf der Moskauer Allunionskonferenz „einen modernen industrialisierten Wohnungsbau ohne Zuckerbäckerei und Fassadenkosmetik" (BEYME V. 1987: 291) verteidigte, wurde in der DDR noch die Dringlichkeit der Umsetzung der „schönen Architektur" betont.

Chruschtschow wies bei seinen Reden besonders auf den eklatanten Mangel an Wohnraum hin. Die Architektur und der Städtebau müssten unter volkswirtschaftlichen und nicht unter künstlerischen Aspekten erfolgen, denn dies wäre eine Verschandelung von Architektur, durch die unnötig Gelder verschwendet werden (DURTH et al. 1999a: 463). Aus diesen Gründen rechtfertige er die

Forderung nach einer Industrialisierung des Bauens über die Nutzung von Stahlbeton. Nur so könnten die Bauzeiten verkürzt, die Baukosten gesenkt und die Qualität der Bauausführung verbessert werden (DURTH et al. 1999a: 463). Auf dem XX. Parteitag der KPdSU 1956 verlangte Chruschtschow im Zuge der Entstalinisierung sogar ein sofortiges Ende der „teuren und überflüssigen Verzierungen und plädiert für eine Übernahme westlicher Architekturformen" (RICHTER 1974: 185).

Man muss sich der Tragweite dieser Forderung bewusst werden. Unter Stalins Führung war der Westen der große Feind in der Architektur und Städteplanung. Chruschtschow aber sprach sich dafür aus, direkt die Architektur des Westens als Vorbild für eine Übernahme zu nutzen und in der gesamten Sowjetunion effizienter zu bauen.

Verunsichert durch die Aussagen Chruschtschows tagte im April 1955 die 1. Baukonferenz der DDR, um die „grundsätzliche Frage der Industrialisierung des Bauwesens zu erörtern" (TOPFSTEDT 1988: 11). Noch im selben Monat veröffentlichte der Ministerrat der DDR die wichtigsten Aufgaben für das Bauwesen in der DDR. In diesem wurde die Losung „Besser, schneller und billiger bauen" neben einer Verärgerung über die bisherige Arbeit des Ministeriums für Aufbau ausgegeben.

Die Forderungen Chruschtschows beschränkten sich nicht nur auf die Architektur, sondern auf den Städtebau insgesamt. Bis hierhin lautet die unter anderem im 13. Grundsatz ausgegebene Direktive die Verdichtung der Altstädte. So machte Wohnungsbauminister BOLZ 1950 noch klar, „dass in der Alternative kompakt oder dezentralisiert in der DDR grundsätzlich die Entscheidung für die kompakte Bebauung gefallen sei" (zitiert bei BEYME V. 1987: 297f).

Nun aber wurde vom Ministerrat eine Auflockerung der kompakten Stadtformen propagiert, jedoch ohne die „sozio-ökonomische Basis der sozialistischen Gesellschaftsordnung" (RICHTER 1974: 186) zu verlassen.

Liebknecht, Anhänger des sozialistischen Realismus, wollte ursprünglich sogar weiter an der Kunst festhalten, so dass es zu Spannungen mit den Parteifunktionären kam. Folgedessen wurde Kurt Liebknecht als Leiter der Bauakademie von Gerhard Kosel abgelöst, welcher aus dem Exil in die DDR zurückgekehrt war und die Tätigkeiten der Bauakademie nun auf die Industrialisierung des Bauwesens auslegte.

4.3 Die Industrialisierung des Bauens im Städtebau der DDR

Durch die Industrialisierung des Bauprozesses, welche sich sowohl auf die Vorfertigung der Bauelemente, als auch auf den Bauprozess selbst bezog, wurde nun dem Wohnungsbau die höchste Priorität zugeschrieben. Dies erforderte aus ökonomischen und technischen Gründen allerdings einen zeitlich zusammenhängenden Bau möglichst vieler Objekte des gleichen Typs. Bei der Herstellung von Fertigteilen wurden genormte Großplatten für Decken, Wände und Fensterfronten im „Fließverfahren" produziert und auf der Baustelle nur noch montiert. Bei späteren Modellen wurden sogar Großplatten produziert, die bereits Fensterfronten, Leitungen oder Rohre beinhalteten, um eine größere Zeiteinsparung beim Montieren zu erreichen. Zum Teil wurden ganze Bad-Küchen-Einheiten in die Etage eingesetzt und später erst installiert (WALLERT 1974: 181).

Bei der spezialisierten Serienfertigung nach dem Takt- und Fließverfahren fand das „Fließbandprinzip" aus der Industrie Anwendung. Damit es beim Bauprozess zu keinen „Stillstandzeiten" kam, wurden diese so aufgeteilt, „dass sich alle Phasen des Roh- und Ausbaus gleichzeitig mit gleicher Baugeschwindigkeit vollzogen" (HOSCISLAWSKI 1991: 155).

Durch den erstmaligen Einsatz von Turm-Dreh-Kränen beim Bau, kam es aus Kosten-Effizienz Gründen zur Einführung des Zeilenbaus. Dies ging einher mit einer Verlagerung der Bautätigkeiten an den Stadtrand, da die Zeilenbauweise sehr Platzintensiv war.

Dies jedoch stellte kein Problem dar, da aufgrund des kostenlos zur Verfügung stehenden Bodens nicht auf Sparsamkeit beim Umgang mit Bauland geachtet werden musste, was nahezu eine Verschwendung von Boden zur Folge hatte. So verlor die DDR jährlich durchschnittlich 10460 ha landwirtschaftliche Nutzfläche, was Ertragsausfällen in Höhe von 10460 Dezitonnen pro Jahr entsprach (HOSCISLAWSKI 1991: 184).

Die DDR Führung begann an dieser Stelle ihre eigenen Grundsätze zu missachten. So wurde im zwölften Grundsatz die Ausbreitung der Stadt in Anlehnung an die Gartenstadtidee verneint. Die Montage der neuen, industrialisierten Wohnungsbauweise hingegen „war viel einfacher im freien Gelände zu realisieren, so dass sich das Baugeschehen vorwiegend an den Stadträndern vollzog" (HEWITT, NIPPER, NUTZ 1993: 444). Dies hatte eine entsprechende Ausbreitung der Städte und die Bildung von Trabantenstädten zur Folge.

Durch den fortlaufenden Prozess der Entstalinisierung kam es nun auch zu einer Modernisierung der DDR Architektur. Deren Formen unterschieden sich zeitlich abrupt von den Stalinzeitlichen Formen. Allerdings wurde auch schnell Kritik laut, dass das in den „Sechzehn Grundsätzen des Städtebaus" geforderte lebendige, unverwechselbare, individuelle Antlitz einer Stadt, nicht durch typisiertes Bauen und monotone Architektur erreichbar seien.

ULBRICHT versuchte indes auch die neue Architektur gegenüber des Leitbildes der „schönen deutschen Stadt" zu rechtfertigen. Demnach sei das Industrielle Bauen jetzt der sozialistische Baustil der DDR. Ein Gebäude sei dabei nicht durch seine Form sozial, sondern durch seine Funktion und seiner räumlichen Anordnung (HOSCISLAWSKI 1991: 156).

Exkurs – Plattenbauweise

Mit der Einführung des industrialisierten Wohnungsbaus in der DDR kam es also sowohl städtebaulich, als auch architektonisch zu einer neuen Entwicklung. „Nicht mehr der individuell schaffende Künstler, sondern das Kollektiv von Ingenieuren, Ökonomen und Territorialplanern gestaltet solche architektonischen Lösungen. [...] Als Ergebnis sind Monotonie und Schematismus öder Betonwohnscheiben zu registrieren" äußert sich RICHTER (1974: 187) kritisch.

Zur Steigerung der Effizienz nutzte die DDR die von Nikolai Slobin eingeführte „Slobin-Methode", welche eine Verkürzung der Bauzeit, eine Senkung der Kosten sowie eine höhere Qualität vorsah. Um dieses zu erreichen wurde mit einem Kollektiv ein Vertrag über einen Wohnblock abgeschlossen. Schaffte es das Kollektiv, die Bauzeit zu unterbieten, erhielten die Bauarbeiter bis zu 20 Prozent der eingesparten Kosten, die sogenannte „Objektprämienlohnsumme".

Tabelle 1: Prozentanteile der Bauweisen in der DDR

Bauweisen	1960	1965	1970
konventionell	60%	6%	5%
Blockbau	37%	65%	45%
Plattenbau	3%	29%	50%

Quelle: RICHTER 1974: 186

Bei der Plattenbauweise unterscheidet man heute drei Typen: die Blockbauweise, die Streifenbauweise sowie die Plattenbauweise an sich. Wie Tabelle 1 zeigt, nutzte die DDR für ihre Vorhaben zunächst primär die konventionelle Methode. Da diese aber nicht effektiv genug für die Wohnraumbeschaffung war, wurde innerhalb von nur 5 Jahren die Methode des Blockbaus, welche 1960 noch an zweiter Stelle war, bestimmend. Auffällig hingegen ist der enorm niedrige Anteil des Plattenbaus im Jahre 1960. Erst ab 1963, nach einem Beschluss auf dem Wirtschaftskongress des Zentralkommitees der SED, sollte diese bis 1970 die bestimmende Baumethode werden.

Nach heutigem Verständnis versteht man unter dem Blockbau Häuser, die aus Holz errichtet und besonders umweltfreundlich sind. Abbildung 2 hingegen verdeutlicht die Bauweise der Blockbaumethode, die in der DDR angewandt wurde und an dieser Stelle vorgestellt werden soll.

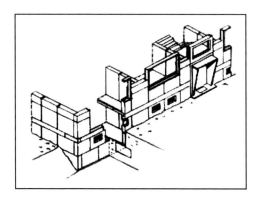 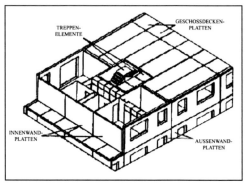

Abbildung 2: Plattenfügung Blockbau   Abbildung 3: Plattenfügung Plattenbau
Quelle: beide: Hochschule für Technik, Wirtschaft und Kultur Leipzig 2001

So ist erkennbar, dass vorwiegend einschichtige Leichtbeton-Blockelemente verwendet werden, die durch Vermörteln oder Vergießen miteinander verbunden werden. Als Decken werden Stahl- oder Spannbeton verwendet. Das Dach kann ein Steildach oder aber auch ein Flachdach sein. Der große Nachteil für den Wohnungsbau in der DDR allerdings war, dass diese Bauweise nur eine Höhe von durchschnittlich 4 Geschossen gestattete.

An dieser Stelle liegt der Vorteil der in Abbildung 3 dargestellten Plattenbau-weise. Diese Methode ließ zum damaligen Zeitpunkt bis zu 11-geschossige

Gebäude zu. Hierfür werden 6 Meter lange Außenwände aus Leichtbeton, und als Deckeneinzug Spann- oder Stahlbeton verwendet. Ein weiterer Vorteil liegt in der Anfertigung der Wände. Diese können in Werken komplett vorbereitet werden. Dies bedeutet, dass Kabelgänge, Fenster und Türen oder auch Steckdosen bereits vorinstalliert sind. Die einzelnen Wände werden dann schnell und einfach vor Ort zusammengefügt. So können ganze Wohngebäude innerhalb kürzester Zeit errichtet werden. Des Weiteren hatte die Verwendung von nur wenigen Typen zufolge, dass es zu keiner sozialen Differenzierung kam, was in einem sozialistischen Land als positiv bewertet wurde (RICHTER 1974: 189).

4.4 Rückbesinnung auf den Aufbau der Stadtzentren

Während der Bau von Großwohnsiedlungen vorangetrieben wurde, konnte sich der Eigenheimbau noch nicht gegen den sozialistischen Gedanken durchsetzen. Eine Erklärung der Staatlichen Plankommission der DDR, Abteilung Wohnungswesen von 1963, erklärt warum: „In der DDR sollen die bestehenden Eigentumsverhältnisse in der Wohnungswirtschaft durch sozialistische Wohn- und Lebensverhältnisse ersetzt werden. Es entspricht dem Wesen des sozialistischen Staates, wenn der Wohnungsbestand über eine Zunahme des sozialistischen Wohnungsbaus erweitert und der Neubau privater Wohnhäuser unterbunden wird" (zitiert bei RICHTER 1974: 188). Dies sollte sich erst ab 1971 mit der „Verordnung zur Förderung von Eigenheimen" ändern.

Mit dem Aufbau der Wohngebiete am Stadtrand tat sich für die Führung der DDR allerdings schon das nächste Problem auf: es kam zu einer Vernachlässigung der Stadtzentren. Es waren noch immer nicht alle Kriegsspuren beseitigt und von einem Neubau oder gar einer Restaurierung kann nur bedingt gesprochen werden.

Erst ab Ende der 1950er Jahre wurde beschlossen, den Aufbau der Zentren wieder mehr in den Mittelpunkt zu rücken. Aus diesem Grund heißt es auf dem V. Parteitag der SED von 1959: „Wir stellen die Aufgabe, die Zentren der zerstörten Städte im Wesentlichen bis 1965 wiederherzustellen. Die offensichtlichen Spuren des Krieges sind bis 1962 durch das Nationale

Aufbauwerk völlig zu beseitigen. [...] Die Vergeudung von Mitteln für Behelfsbauten ist zu untersagen" (ULBRICHT 1958: 80).

Der Städtebau und die Architektur wurden in den 1960er Jahren stark durch die Wirtschaftskrise beeinflusst. Zum Einen musste das Geld in den Industriebau fließen, zum Anderen wurden die Entwicklungen im Städtebau immer unter dem Aspekt der Wirtschaftlichkeit betrachtet (NUTZ 1998: 80). Deswegen wurde am 4. Mai 1961 im Ministerrat der DDR der Wiederaufbau der Stadtzentren mit höchster Priorität nur für folgende elf Aufbaustädte beschlossen: Berlin, Leipzig, Dresden, Rostock, Magdeburg, Karl-Marx-Stadt, Potsdam, Frankfurt/Oder, Gera, Neubrandenburg und Dessau.

Mit der Rückbesinnung auf die Stadtzentren, hielt Ulbricht auch weiterhin an der Magistrale und dem Zentralen Platz als Dominanten des DDR Städtebaus fest. Lediglich beim Turmhaus setzte nach einem gescheiterten Versuch am Dresdener Altmarkt ein Umdenken ein. Zusätzlich sollte das Zentrum der Stadt dem Willen des Volkes nach nicht mehr nur den politischen Demonstrationen, sondern auch anderen Funktionen dienen, um es wiederzubeleben (NUTZ 1998: 80). Aus diesem Grund wurden erstmals auch wieder Waren- und Kaffeehäuser, sowie Hotels an den Zentralen Plätzen angesiedelt.

Bereits 1960 formulierte LIEBKNECHT das Ziel, die Stadtzentren nicht einfach wieder aufzubauen, sondern diese „entsprechend der sozialistischen Lebensweise [...] von Grund auf umzugestalten. [...] Als Mittelpunkt des gesellschaftlichen Lebens müssen die Stadtzentren zum Höhepunkt der städtebaulichen Komposition und der architektonischen Gestaltung der sozialistischen Stadt werden" (zitiert bei NUTZ 1993: 163).

Die „Sucht nach Dominanten" (BEYME V. 1987: 298) der Regierung und Liebknechts Wunsch zur Umsetzung der sozialistischen Stadt, hatten die wohl größten Auswirkungen auf die Innenstädte ostdeutscher Großstädte in der Nachkriegsgeschichte.

In der DDR sprach man von „komplexer Rekonstruktion" (RICHTER 1974: 190), was soviel wie die Einheit von Abriss, Neubau und Werterhaltung bedeuten sollte. Die Wirklichkeit aber sah anders aus. Die noch vorhandene kleinteilige Struktur der historische Altstädte konnte und sollte eventuell nicht in den Planungen nach Größerem integriert werden. Ein laut RICHTER (1974:

190) „selektiver Kahlschlag" war die Folge, der die historische Stadtstruktur mit ihrer Bausubstanz als Nationales Kulturerbe pflegen wollte.

NUTZ (1993: 163) hingegen sieht den Abriss und den nur zum Teil durchgeführten Neubau ebenjener Strukturen, als „kennzeichnend für die Baupraxis der 60er Jahre", so dass es nicht selten zu einem „Nebeneinander von enttrümmerten Flächen und verfallenden Altbauquartieren" (HEWITT, NIPPER & NUTZ 1993: 444) kam.

Seit Ende der 1960er Jahre, mit dem Erlass des Entschädigungsgesetzes, musste auch der Faktor Boden wieder in die Berechnungen der Wirtschaftlichkeit von Bauprojekten einfließen und hatte dadurch einen enormen Einfluss auf den Städtebau. Aus diesem Grund wurde wieder auf dichtere Bebauung geachtet, neue Krantypen entwickelt und ein mehrgeschossiges Bauen bis an die Kosten-Effektivitätsgrenzen praktiziert. Dies hatte zur Folge, dass in den 1970er Jahren die Rückkehr zum Leitbild der „kompakten Stadt" erfolgte und die extensiven Stadtentwicklungstendenzen rückläufig waren (NUTZ 1998: 80). KARGER & WERNER (1982: 526) bezeichnen den Städtebau in den 1960er und 1970er Jahren als die moderne „sozialistische" Stadt internationalen Stils, welche sich in die international geläufige Form der modernen, autogerechten Städte einordnet.

Als bedeutendste sozial-politische Aufgabe wurde auf der 20. Tagung des Zentralkomitees der SED 1973 die Lösung des Wohnproblems bis 1990 benannt. Über 200 Millionen Mark sollten für den Neubau und die Modernisierung von Wohnungen zwischen 1976 und 1990 zur Verfügung gestellt werden. Dabei sollten in diesem Zeitraum circa drei Millionen Wohnungen gebaut werden (RICHTER 1974: 186f). Allerdings war dieses Ziel so hoch gesetzt, dass zwangsläufig weiterhin außerhalb der Stadt gebaut werden musste.

In den Zentren der Städte änderte sich in den 1970er Jahren das dargebotene Bild kaum; nur selten konnte eine Veränderung zu den 1960er Jahren wahrgenommen werden. Weiterhin gab es im Zentrum brachliegende Trümmerflächen, weiterhin verfielen Altbauten. Dies änderte sich erst in den 1980er Jahren (NUTZ 1998: 84), als an den Hochschulen und Akademien ein Umdenken einsetzte, welches die Öffentlichkeit allerdings bis zum Zusammenbruch der DDR nicht erreichte. Erstmals gab es Überlegungen über die Sanierung der Altbausubstanz zur Wohnraumbeschaffung und Wiederbelebung der Innenstädte.

4.5 Erkenntnisse I

An dieser Stelle sollen die Ausführungen zu den weiteren Geschehnissen im Städtebau der DDR enden, da die unmittelbare Nachkriegszeit und die (Wieder-) Aufbauplanungen größtenteils abgeschlossen sind. Zusammenfassend lässt sich sagen, dass die Teilung Deutschlands nach dem Zweiten Weltkrieg zu zwei völlig unterschiedlichen Entwicklungen in Ost und West führte. Gegenüber der demokratischen und an eine soziale Marktwirtschaft gebundenen Bundesrepublik Deutschland, entwickelte sich mit der DDR ein sozialistischer Staat, der sich über eine zentral organisierte Planwirtschaft definierte. Die unterschiedlichen Ideologien beider Systeme spiegelten sich in vielen Lebensbereichen wider. Die sich daraus ergebenden Disparitäten sind auch heute, über 20 Jahre nach der Wiedervereinigung immer noch sichtbar. Auch wenn durch raumplanerische Maßnahmen die strukturschwachen ostdeutschen Gebiete mehr und mehr aufgewertet und soziale Unterschiede ausgeglichen werden, so begegnen uns auch heute noch viele Relikte aus sozialistischer Zeit. Ein offensichtliches und alltägliches Zeugnis dessen findet sich in der Physiognomie ostdeutscher Städte.

Außerdem ist deutlich geworden, wie komplex die Zusammenhänge beim Wiederaufbau in Ostdeutschland sind und wie groß der Einfluss einzelner Personen, wie beispielsweise Walter Ulbricht, im Machtgefüge der SED war.

Dadurch stand sich die DDR-Führung oftmals mit denen von ihr erlassenen Gesetzen selber im Weg. In den „Sechzehn Grundsätzen des Städtebaus" wurde das Ziel der Vermeidung der Bildung von Trabantenstädten formuliert. Durch den anhaltend hohen Wohnraumbedarf mussten aus Sicht der ostdeutschen Stadtplaner aber zwangsläufig Plattenbausiedlungen an den Stadtrand gelegt werden, sicherlich auch eine Folge der verfehlten Altbausanierungspolitik zur Wohnraumbeschaffung.

Eine der schwierigsten Aufgaben in der DDR aber hatten die Architekten, vor allem die Anhänger des „Neuen Bauens". Edmund Collein etwa, späterer Vizepräsident der Bauakademie, studierte bis 1930 bei Gropius und Meyer am Bauhaus. Hermann Henselmann, nach 1945 Direktor der Hochschule für Architektur in Weimar und der wohl bekannteste Architekt der DDR, war ebenfalls den Einflüssen des „Neuen Bauens" gegenüber aufgeschlossen. Einige seiner Architekturkollegen bescheinigten ihm in einer Würdigung: „Kein Zweifel, dass er auch im Westen ein erfolgreicher Architekt geworden wäre" (zitiert bei BEYME V. 1987: 287). Henselmann revanchierte sich hierfür später und soll gesagt haben, dass die sowjetischen Architekten viel besser seien, „als sie bauen dürfen" (SACK 1979: o. A.).

Schließlich mussten fast alle Architekten in ihren Bedürfnissen zurückstecken, um nicht Opfer wütender Attacken des Sozialismus zu werden.

Mit der Einführung des industrialisierten Wohnungsbaus wurde den Architekten schließlich das letzte Stück Freiraum zur künstlerischen Gestaltung genommen. Eine Folge war, dass sich Wohn- und Bürohäuser immer mehr anglichen und sich ein Bild von neutraler Flächigkeit entwickelte.

Dennoch gibt es DIE „sozialistische Stadt" nicht. Es entwickelte sich unter Stalins Führung ein relativ einheitliches Bild der Städte und noch heute gibt es, sofern nach dem Zusammenbruch der Sowjetunion nicht bewusst eingegriffen wurde, ein Minimum an äußerer Ähnlichkeit in der Anordnung der Geschäfte, der Straßen und der Aufteilung des Raumes. Aber jede der drei Aufbauphasen ließ den Städten genug Eigenständigkeit.

5. Die sozialistisch geplante Arbeiterstadt Halle-Neustadt

Mit der Grundsteinlegung von Halle-Neustadt am 15. Juli 1964 durch Horst Sindermann, den damaligen 1. Sekretär der Bezirksleitung Halle der SED, ging die Planung der sozialistischen Arbeiterstadt in die konkrete Phase des Aufbaus über. Warum es nötig wurde, eine neue Stadt nach sozialistischen Vorgaben zu planen, weshalb dies westlich von Halle/Saale geschah und wie sich Halle-Neustadt unter dem Einfluss der politischen Umstände bis zur Wiedervereinigung Deutschlands entwickelte, soll im folgenden Teil untersucht werden.

5.1 Standortbestimmung und Planung von Halle-Neustadt

Zu Beginn des 20. Jahrhunderts wurden in der Region Halle „gigantische Chemiewerke gebaut, die Bestandteil imperialistischer Kriegsvorbereitungen" (SCHLESIER et al. 1972: 13) waren und zu welchen unter anderem die Leuna-Werke und die Chemischen Werke Buna zu zählen sind. So führte die nach SCHLESIER et al. (1972: 13) vom „Profitstreben diktierte […] Auswahl dieser Industriestandorte [und] die Entwicklung des gesamten Gebietes, dessen historisch gewachsene Siedlungsstruktur der raschen Industrialisierung und ihren Folgen nicht gewachsen war" zu den „für den Kapitalismus typischen Widersprüchen."

Dennoch ist die Chemieindustrie in den 1950er Jahren ein bedeutender Faktor in der Volkswirtschaft der DDR und deswegen verstärkt auszubauen. Aus diesem Grund sollten die genannten Standorte erhalten und weiter genutzt werden. Doch „wachsendes wissenschaftlich-technisches Niveau in Forschung, Entwicklung und Produktion setzt hohes Wissen und Können voraus, erfordert die Entwicklung allseitig gebildeter Persönlichkeiten in einer gesunden Lebensumwelt" (SCHLESIER et al. 1972: 13). In anderen Worten: um den Ausbau der Chemieindustrie in der Region Halle vorantreiben zu können, musste der Sozialismus zunächst die Fehlentwicklungen des Kapitalismus beseitigen und eine lebensfreundliche Umgebung schaffen.

Ein Beleg für die kapitalistischen Fehlentwicklungen seien die Wohn- und Lebensverhältnisse eines großen Teils der Beschäftigten der Chemiekombinate Leuna und Buna gewesen, welche aus der vom Kapitalismus übernommenen Siedlungsstruktur resultierten. So wohnten laut SCHLESIER et al. (1972: 15)

„etwa 9000 Beschäftigte der beiden Chemiekombinate in mehr als 280 Orten [...], die zum Teil erheblich entfernt von den Werken liegen." Durch die langen An- und Abfahrtszeiten zwischen Wohnort und Arbeitsstätte sei eine Entspannung und Reproduktion der Arbeitskraft dabei kaum möglich gewesen. Aus diesem Grund sollte ein Beschluss des Politbüros der SED vom 17. September 1963, welcher den „Aufbau einer modernen Petrolchemie in dem industriellen Ballungsgebiet Halle-Merseburg-Bitterfeld" (SCHLESIER et al. 1972: 15) vorsah, auch die Lebensbedingungen der Werktätigen verbessern. Eine dieser Maßnahmen war der Beginn des Baues der Chemiearbeiterstadt Halle-Neustadt.

Besonders interessant in diesem Zusammenhang ist die Tatsache, dass die eigentlichen Planungen zu Halle-Neustadt schon wesentlich früher und aus einem anderen Grund stattfanden. BACH (1993: 15) schreibt, dass die Planungsarbeiten zu Halle-West bereits 1959/60 angesichts eines Wohnraumbedarfs von mindestens 20.000 Wohneinheiten (dies entspricht etwa 70.000 Einwohnern) im Raum Halle und erschöpften Flächenreserven der Stadt begannen. Dabei war Halle-Neustadt zu diesem Zeitpunkt gar nicht als eigenständige Stadt geplant, sondern lediglich als Stadterweiterung unter der Bezeichnung Halle-West.

Denn die Stadt Halle hatte ein Problem, bedingt durch ihre topographische Lage. „Eingekeilt zwischen weitläufigen Gleisanlagen im Osten und den feuchten Saaleauen im Westen hatte die Bezirksstadt Halle zum Ende der 1950er Jahre eine Nord-Süd Ausdehnung von rund neun Kilometern erreicht, war aber nur zwei Kilometer breit" (PRETZSCH 2006a: 35). Dies führte zu enormen Verkehrsproblemen im Innenstadtbereich von Halle. Des Weiteren behinderten die im „Kriege nahezu unzerstörte Altstadt, dicht bebaute Vorstädte, Miethausviertel und enge Straßen" (BACH 1993: 15) die Verkehrsentwicklung und die „Bausubstanz der Altstadt war dringend sanierungsbedürftig" (PRETZSCH 2006a: 35).

Dennoch war eine sozialistische Umgestaltung des Stadtzentrum laut SCHLESIER et al. (1972: 21) nicht möglich, da damals „weder die wissenschaftlichen Erkenntnisse, praktischen Erfahrungen und stadtplanerischen Vorarbeiten, noch die ökonomischen und technisch-organisatorischen Möglichkeiten für ein Vorhaben dieser Dimension vorhanden" waren. Demzufolge blieb den

Stadtplanern letztlich nichts anderes übrig, als das Stadtgebiet von Halle für die benötigten 20.000 Wohnungen nicht mit einzubeziehen.

Durch den zunehmenden Druck des voranzutreibenden Ausbaus der Chemieindustrie wurde 1959 mit der Suche nach einem geeigneten Standort begonnen. Diese Aufgabe wurde in die Hände einer Außenstelle der Bauakademie in Halle, dem Büro für Gebiets-, Stadt- und Dorfplanung, unter der Leitung von Ernst Proske und Gerhard Kröber gegeben. „Hauptkriterien für die Beurteilung der Flächen waren die jeweiligen lufthygienischen, bioklimatischen, hydrologischen und topographischen Gegebenheiten, die geologischen und Baugrund Verhältnisse, die Lage zum Stadtgebiet Halle und die Möglichkeit des Verkehrsanschlusses" (SCHLESIER et al. 1972: 21f). Diesem Punkt wurde dabei besondere Beachtung geschenkt, um einen geeigneten Anschluss für eine geplante Stadtautobahn von Weißenfels über Leuna, Merseburg, Schkopau nach Halle zu finden und so den Chemiearbeitern möglichst kurze Anfahrtswege zu bieten.

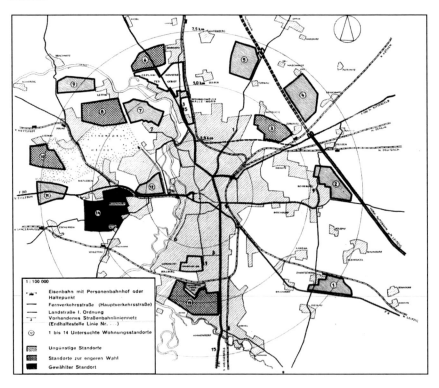

Abbildung 4: Übersicht über die durchgeführten Standortuntersuchungen
Quelle: KOENEN 1962: 139

Aus diesen Kriterien folgten Vergleiche von 19 Baugebietsflächen. Abbildung 4 zeigt jene Baugebiete, welche im Umkreis von maximal 7,5 km zur Stadt Halle lagen. „Im engeren Siedlungsbereich der Werke standen aufgrund der enormen Luftbelastung und des umgehenden Braunkohlenbergbaues keine Wohnungsbaustandorte zur Verfügung" (BACH 1993: 15). Weitere Baugebiete fielen wegen ungünstiger Baugrundverhältnisse oder zu hohem Aufwand für die Verkehrsanbindung für weitere Planungen raus. So kamen, wie auch in Abbildung 4 erkennbar ist, sechs Standorte in die engere Wahl, von denen „als günstigster schließlich das Gebiet am westlichen Stadtrand von Halle – zwischen der Saaleaue, den Ortslagen Passendorf und Nietleben und einem Bruchgelände im Westen – bestimmt wurde" (SCHLESIER et al. 1972: 23). Ausschlaggebend für die Auswahl dieses Standortes waren einerseits die nur geringen Höhenunterschiede der Baugebietsfläche und die zur Verfügung stehende Reservefläche, andererseits „die Nähe zu dem Ausflugsziel Harz sowie die Einbettung in Naherholungsgebiete wie die Heide und die Saaleauen" (PRETZSCH 2006a: 35). Die Auswahl dieses als optimal ausgelegten Standortes, sei dabei „kennzeichnend für die Sorgfalt, mit der an der Verwirklichung der gesellschaftlichen Zielstellung gearbeitet wurde" (SCHLESIER et al. 1972: 21). Am 3. Oktober 1960 bestätigte der Stadtrat der Bezirksstadt Halle schließlich den Standort.

5.2 Erste Ideen für eine neue Stadt

Die erste Bebauungskonzeption für Halle-West ging Anfang der 1960er Jahre „von der Zielstellung aus, einen Wohnbezirk der Stadt Halle mit etwa 20.000 Wohnungen zu errichten" (SCHLESIER et al. 1972: 29). PAULICK (1967a: 203) sah sogar einen Bedarf von 32.000 Wohnungseinheiten, weswegen auf seinen Rat eine Erweiterungsmöglichkeit der Stadt „für rund 100.000 Einwohner in der Planung berücksichtigt (Reservegebiet)" wurde und als Grundlage der städtebaulichen Projektierung und der Versorgungsnetze diente.

Des Weiteren sollten „alle notwendigen Einrichtungen für Volksbildung, Sport und Erholung sowie für Kultur – unter Berücksichtigung der in Halle vorhandenen und geplanten Einrichtungen – vorgesehen" (SCHLESIER et al. 1972: 29), das Verkehrssystem erweitert und die Saaleaue zum Naherholungsgebiet ausgebaut werden.

Entsprechend dieser Vorgaben wurde im November 1960 im Büro der Deutschen Bauakademie in Halle ein erster interner Wettbewerb für eine Gesamtkonzeption für Halle-West ausgeschrieben (BACH 1993: 16).

Hervorgegangen aus diesem Wettbewerb ist die Idee eines in fünf bzw. sechs Wohnkomplexe gegliederten Stadtbezirkes. Die Wohnkomplexe waren hufeisenförmig um das Zentrum gruppiert, zur Saale und zur Altstadt von Halle öffnete sich ein großzügig gewählter Freiraum. So sollte „eine direkte Blickbeziehung vom Bezirkszentrum zum Stadtzentrum ermöglicht" (PRETZSCH 2006a: 36) und die Verbindung von Halle-West und der Stadt Halle deutlich werden. Um die geforderte Größe von 70.000 Einwohnern zu erreichen, wurde mit „durchweg mehr als 10.000 Einwohnern" (BACH 1993: 16) pro Wohnkomplex geplant.

In diesem ersten, inoffiziellen Wettbewerb wurde zudem ein Entwurf für den Wohnkomplex I südlich des geplanten Zentrums skizziert. Dieser sah „eine wohlausgewogene Komposition frei im Raum stehender Baukörpergruppen [vor]. Monotone Reihungen sind sorgfältig vermieden. Vielgeschossige Gebäude werden sparsam als Teil einer übergreifenden Baukörperkomposition eingesetzt" (BACH 1993: 16).

Die aus dem Wettbewerb hervorgegangen Ergebnisse und Entwürfe wurden schließlich „publiziert und im Februar 1961 öffentlich ausgestellt" (PRETZSCH 2006a: 36). In einem 1962 veröffentlichten Interview der Zeitschrift „Deutsche Architektur" mit Bernhard KOENEN, damaliger Sekretär der Bezirksleitung Halle, rechtfertigt er diesen Schritt mit den „vielen interessanten und fruchtbaren Hinweisen und Anregungen" (Deutsche Bauakademie 1962: 134) der Bürger, welche auch in die unmittelbaren Planungen für Halle-West einfließen sollten. Außerdem stellte er nicht unbescheiden fest, einen „bedeutenden Schritt getan [zu haben] auf dem Wege die sozialistische Demokratie im Städtebau zu entfalten" (Deutsche Bauakademie 1962: 134), um auf diese Weise die Zustimmung der halleschen Öffentlichkeit für das anstehende Großprojekt zu gewinnen.

Besonders interessant aber ist die Tatsache, dass an eben jener Ausstellung, welche im Rahmen der 1000-Jahr-Feier der Stadt Halle stattfand, der Vorsitzende des Staatsrates der Deutschen Demokratischen Republik, Walter Ulbricht, teilnahm. Laut SCHLESIER et al. (1972: 29) gab dieser „Anregungen zur

Planung, die sich besonders auf die Gestaltung einer sozialistischen Lebensumwelt für die Werktätigen aus der Chemieindustrie konzentrierten." „Anregungen" einer Person wie Walter Ulbricht waren in der DDR gleichzusetzen mit der Umsetzung dieser „Anregungen".

Ab diesem Zeitpunkt etwa, so lassen sich die Hinweise Ulbrichts deuten, war die „sozialistische Umgestaltung Halles, dem es das Gepräge einer sozialistischen Großstadt geben sollte" (PRETZSCH 2006a: 36) nicht mehr das primäre Ziel des Bauvorhabens, sondern die Eingangs besprochene Verbesserung der Wohnsituation der Chemiearbeiter.

BACH (1993: 16) und PRETZSCH (2006a: 36) sind der gleichen Meinung. Dies sei ein damals üblicher Eingriff zentralistischer Macht in die kommunale Sphäre gewesen, aber auch Selbstverständnis und Ambitionen der politischen Führung. Denn auf diese Weise konnte sich die Partei- und Staatsführung des Neuaufbaus einer Stadt für die Chemiearbeiter rühmen und nicht die Stadt Halle für den Aufbau eines Wohnbezirks. Aus diesem Grund wurde 1963 für das Bauvorhaben Halle-West erstmals die Bezeichnung „sozialistische Stadt der Chemiearbeiter" verwendet, wie aus der „Direktive für die städtebauliche Gestaltung und den Aufbau der Chemiearbeiterstadt Halle-West vom 17. September 1963, vom Politbüro des ZK der SED" (BACH 1993: 16) hervorgeht.

Zwischen der öffentlichen Ausstellung des ersten Wettbewerbs 1961 und der Direktive für die städtebauliche Gestaltung Halle-Neustadt im Jahr 1963, kamen die Arbeiten am Projekt aber aus heute unbekannten Gründen fast zum Erliegen. Die Folge war, dass „das Büro für Gebiets-, Stadt- und Dorfplanung Halle von der weiteren Planung entbunden" (BACH 1993: 18) und Richard Paulick, zum damaligen Zeitpunkt bereits Chefarchitekt von Schwedt/Oder und Chefarchitekt des VEB Typenprojektierung und Vizepräsident der Bauakademie, mit der Leitung der Planung beauftragt wurde. Dies war natürlich kein Zufall, denn Paulick brachte mit den Planungen der für die Chemieindustrie ebenfalls bedeutsamen Stadt Schwedt und seinen Kenntnissen in der Typenprojektierung bereits viel Erfahrung für die bevorstehenden Aufgaben mit.

Ab diesem Zeitpunkt begann das Projekt Halle-Neustadt wieder richtig Schwung aufzunehmen. Parallel starteten die Vorbereitungen des Baubeginns sowie die Entwicklung eines neuen Gesamtplanes.

„Da der Volkswirtschaftsplan den Beginn der Erschließungsarbeiten in Halle-West bereits für das Jahr 1964 vorsah und 1965 schon die ersten Mieter in Halle-Neustadt einziehen sollten" (PRETZSCH 2006a: 37) wurde der Wohnkomplex I nach der bereits weitgehend ausgearbeiteten Fassung von 1961 geplant und mit den Erschließungsarbeiten begonnen. Dies hatte laut BACH (1993: 18) schwerwiegende Folgen, „denn damit begann der Bau im westlichen, höher gelegenen Teil, alle Versorgungsleitungen aber mussten von Osten herangeführt werden, so dass auf einer riesigen Fläche – im Südosten begann gleichzeitig der Aufbau des Plattenwerkes – gearbeitet wurde." Man kann an dieser Stelle fast den Eindruck gewinnen, dass die Bauleitung überstürzt handelte und zu viel gleichzeitig wollte, wahrscheinlich aber hatte Paulick gar keine andere Wahl, da die SED im Hintergrund Druck ausübte.

Parallel dazu begannen die Arbeiten an einem neuen Gesamtplan, der aus einem Wettbewerb hervorgehen sollte. Dieser wurde öffentlich ausgeschrieben und lief vom 1. Dezember 1963 bis zum 31. März 1964. Die Aufgabenstellung des Wettbewerbs fasst hier noch einmal sehr schön die Anforderungen an Halle-Neustadt zusammen, welche sich aus den vergangenen Jahren entwickelt haben. Der wichtigste Punkt, welcher sich für Halle-Neustadt geradezu zu einem Dogma entwickeln sollte, war die Forderung der konsequenten Durchsetzung des wissenschaftlich-technischen Höchststandes auf allen Gebieten (SCHLESIER et al. 1972: 251). Da der Wettbewerb zu einer Zeit stattfand, in der das konservative Bauen nach Stalins Vorgaben bereits von der industrialisierten Bauweise abgelöst wurde, sollte also ganz Neustadt in Montagebauweise errichtet werden.

Dabei waren „Wirtschaftlichkeit, Zweckmäßigkeit und Schönheit […] harmonisch zu vereinigen" und eine „wirtschaftliche Flächennutzung zu gewährleisten" (SCHLESIER et al. 1972: 251). Die Einwohnerdichte musste mindestens 300 Einwohner pro ha betragen, um den geforderten „großstädtischem Charakter" (SCHLESIER et al. 1972: 251) gerecht zu werden. Des Weiteren orientiert sich die Aufgabenstellung an den bis hierhin bereits erläuterten Tatsachen.

Die Vorgaben waren demnach so eng gewählt, dass der „Lösungsspielraum beträchtlich eingeschränkt" (BACH 1993: 19) war. Und trotzdem schien die Jury mit den Ergebnissen der 17 eingereichten Entwürfe nicht zufrieden. Aus diesem Grund wurde auch keine 1. Prämie vergeben. Die 2. Prämie aber ging an den Entwurf der Deutschen Bauakademie, welcher schließlich auch zur weiteren Ausführung bestimmt wurde.

5.3 Der Generalbebauungsplan für Halle-West

Aus dem prämierten Entwurf der Deutschen Bauakademie entwickelte die Entwurfsgruppe „Städtebau" unter der Leitung von Chefarchitekt Richard Paulick 1964 schließlich den Generalbebauungsplan für Halle-West. „Generalbebauungspläne [haben] als entscheidende Führungsinstrumente der örtlichen Organe der Staatsmacht für eine planmäßige und rationale Entwicklung der Städte und Siedlungszentren" (SCHLESIER 1969: 590) eine große Bedeutung, sie sind also wichtiger Bestandteil eines geordneten Aufbaus.

Der Generalbebauungsplan für Halle-West gliedert sich in 5 Punkte, heute einsehbar im Stadtarchiv der Stadt Halle:

I.   Städtebauliche Planung und Gestaltung von Halle-West

An dieser Stelle wird auf die Wichtigkeit der gesellschaftlichen Zentren der Wohngebiete hingewiesen, denn vor allem in diesen entwickelt sich das gesellschaftliche Leben. Dabei müsse „die Konzentration der gesellschaftlichen Einrichtungen [...] in Übereinstimmung mit höchster Wirtschaftlichkeit und größtmöglicher Bequemlichkeit für die Bewohner erfolgen" (StaH 1964: 4). Im Stadtzentrum soll das Haus der Chemie die Funktion als Sitz der Wirtschaftsleitung der chemischen Industrie inne haben und gleichzeitig die wissenschaftlich technische Weiterbildung der Chemiearbeiter besorgen. Durch das Haus der Chemie wird letztlich die Bedeutung der neuen Stadt für die chemische Industrie hervorgehoben.

Darüber hinaus wird festgelegt, dass „bei der räumlich-kompositionellen Lösung der Wohnbebauung [...] der kleinstädtische Siedlungscharakter zu überwinden" (StaH 1964: 4) sei. Es wird deutlich, dass sich die Architekten der Probleme bewusst sind, welche bei der Nutzung der Montagebauweise auftreten, können aber gleichzeitig keine Lösungen nennen, um diesen entgegenzuwirken. Wichtiger Bestandteil der Montagebauweise in Halle-West ist ein steigender Anteil vielgeschossiger Wohngebäude, da dies eine wirtschaftliche Nutzung und sparsamere Inanspruchnahme des Baulandes ermöglicht. Nachfolgend wird im Generalbebauungsplan der etappenweise Aufbau von Halle-

West besprochen, welcher funktionsfähige Zwischenlösungen benötigt, um die während des Baues in Halle-West lebende Bevölkerung mit einzubeziehen. Denn den Bewohnern ist mit räumlichen Mitteln das Bewusstsein zu vermitteln, Teil einer großen Gemeinschaft zu sein, und aktiv die Entwicklung der gesellschaftlichen Beziehung zu fördern (StaH 1964: 4).

Ein weiteres erkanntes Problem ist die zu erwartende Monotonie durch die Plattenbauweise. Aus diesem Grund werden noch vor Baubeginn bildkünstlerische Mittel wie Farbkompositionen, Plastiken, Wandmalerei, Pergolen u.a. als Anforderungen festgelegt (StaH 1964: 5).

II. *Die städtebaulichen Beziehungen von Halle-West zur Gesamtstadt und den chemischen Werken*

Unter diesen Punkt wird noch einmal auf die besondere Bedeutung der funktionellen und kompositionellen Beziehung zwischen Halle-West und der Stadt Halle hingewiesen. Einen wesentlichen Beitrag soll hierbei das Haus der Chemie leisten, welches die Stadtsilhouette beider Städte prägen soll.

„Die Hauptverkehrsverbindungen von Halle-West entwickeln sich in den Richtungen Ost-West und Nord-Süd" (StaH 1964: 6). Die Ost-West Verbindung war innerstädtisch als Magistrale anzulegen. Wichtigste Trasse ist die neue Fernverkehrsstraße F80, welche als Hochstraße die Verbindung zum Stadtzentrum von Halle herstellte. Die Nord-Süd Richtung war die „Direktverbindung für den Berufsverkehr vom Zentrum der Chemiearbeiterstadt zu den chemischen Großwerken VEB Leunawerke »Walter Ulbricht« und dem VEB Chemische Werke Buna" (StaH 1964: 6). Dabei sollte die Nord-Süd Verbindung auch von einer Bahnlinie geprägt sein, welche unterirdisch durch das Zentrum von Halle-West geführt werden sollte. BACH (1993: 27) kritisiert dieses Vorhaben, da der beträchtliche Aufwand gegenüber der ursprünglich vorgesehenen westlich tangierenden Trasse nur mit dem sehr fragwürdigen Argument des Wegfallens eines flächendeckenden Massenverkehrsmittels (Bus) begründet werden konnte.

III. *Neue Technik und Baudurchführung*

Der Aufbau von Halle-West war charakterisiert durch die umfassende Anwendung der neusten Erkenntnisse des industriellen Bauens bei erhöhter Einbeziehung der Chemisierung des Bauens. Durch die Verknüpfung mit der Chemischen Industrie sollte noch einmal der Stellenwert dieses Industriezweiges für die Stadt hervorgehoben werden. Aus diesem Grund stand der Bau der Chemiearbeiterstadt auch unter der Losung: „Halle-West – die Stadt für die Chemie von der Chemie" (StaH 1964: 6). Nach BACH (1993: 27) wurde Halle-West von Beginn an als „Experiment" betrachtet. Aus diesem Grund wurden auch experimentelle Versuch mit Plaste als Produkt der Chemischen Industrie unternommen. Aus dem Generalbebauungsplan geht hervor, dass dies vor allem im Ausbau, für die Außenhautgestaltung sowie für bauphysikalische Zwecke genutzt werden sollte.

Erneut herausgestellt wurde die konsequente Anwendung des Montagebaus im Hoch- und Tiefbau auf der Grundlage des Baukastensystems als wirtschaftlichste Weise des Bauens. Zur maximalen Senkung der Bauzeiten war zusätzlich die Schnellbaufließfertigung anzuwenden. Doch auch hier wurde noch einmal gewarnt: „Die Möglichkeiten, die das Baukastensystem in Bezug auf eine abwechslungsreiche architektonische Gestaltung der Baukörper und Fassadenlösungen bietet, sind auszuschöpfen" (StaH 1964: 7).

Die Punkte *IV. Staatliche Leitung und Gemeinschaftsarbeit* und *V. Die Einbeziehung der Bevölkerung in die städtebauliche Gestaltung und den Aufbau von Halle-West* regelten vor allem die Kompetenzen der zuständigen Ämter. So wurde extra der VEB Hochbauprojektierung gegründet, welcher als Generalprojektant für die gesamte Planung von Halle-West eingesetzt wurde. Deutlich war zudem auf den Investitionsaufwand hingewiesen worden, welcher detailliert vorzuschreiben und einzuhalten war.

Der Einbezug der Bevölkerung, vor allem der Werktätigen der chemischen Großbetriebe sei ebenfalls besonders wichtig. Diese sollten über die städtebauliche Planung und Projektierung umfassend informiert werden und einen Beitrag zum gesellschaftlichen Leben und der architektonischen Gestaltung von Halle-West leisten. Auf diese Weise könne der „Bitterfelder Weg", also der aktive Zugang der Werktätigen zu Kunst und Kultur zur Bildung des sozialistischen Bewusstseins, auch in Halle-West verwirklicht werden (StaH 1964: 8).

Zusammenfassend lässt sich sagen, dass der Generalbebauungsplan für Halle-West nur vereinzelt spezielle Anforderungen für den Aufbau formuliert, ansonsten oftmals sehr allgemein gehalten ist. Man hat den Eindruck dass dies besonders dann der Fall ist, wenn die Planer selber keine geeigneten Ideen zur Lösung der erwarteten Probleme haben. BACH (1993: 23) sieht zusätzlich die Absicht „den Chemiearbeitern, als Eigentümern hochentwickelter Produktionsmittel, ebenfalls hochentwickelte, nämlich großstädtische Lebensbedingungen zur Verfügung zu stellen."

Auffällig ist zudem, dass die unbedingte Wirtschaftlichkeit und die zu tätigenden Investitionen geradezu wie ein Damoklesschwert über dem Projekt schwebten und überall auf absolute Sparsamkeit zu achten war.

6. Die Stadtstruktur von Halle-Neustadt

Die Umsetzung des Generalbebauungsplanes lässt sich mit der Abbildung 5 sehr gut nachvollziehen.

Wie diese veranschaulicht, geht „die Struktur von einem axialen und zentralisiertem Prinzip aus. Eine innerstädtische Magistrale bildet die Hauptachse der Gesamtanlage, während ein mit dieser Magistrale in unmittelbarer Verbindung stehender Zentraler Platz ihren Mittelpunkt darstellt" (SCHLESIER et al. 1972: 45). Die Ausrichtung ergibt sich dabei aus den funktionellen und räumlichen Beziehungen zur Stadt Halle. Die Nord-Süd-Richtung hingegen soll sich durch die Verkehrsbeziehungen zu den Chemiebetrieben ausdrücken.

Auffallend ist, dass innerhalb der Stadt kaum größere Freiflächen, welche der Erholung dienen, vorhanden sind. Diese sind in die Randlage verlegt. Im Norden der Stadt schließt der Stadtpark an, im Süden das Naherholungsgebiet Südrand sowie Kleingartenanlagen im Süden und Westen der Stadt (SCHLESIER et al. 1972: 47).

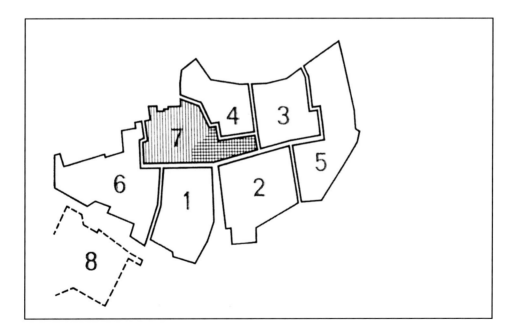

Abbildung 5: Lage der Wohnkomplexe in Halle-Neustadt
Quelle: SCHLESIER et al. 1972: 47

Abbildung 5 zeigt zudem die Lage der einzelnen Wohngebiete in Halle-West. Die Wohnkomplexe wurden entgegen dem Uhrzeigersinn um das südöstlich des Graebsees liegende Stadtzentrum (**7**) gruppiert: Wohnkomplex I (**1**), gebaut von 1964-68 im Südwesten; Wohnkomplex II (**2**), gebaut von 1966-70 im Südosten; Wohnkomplex III (**3**), gebaut von 1969-72 im Osten und Wohnkomplex IV (**4**), gebaut von 1971-74 im Norden (PRETZSCH 2006a: 41). Da die Abbildung aus dem Jahr 1972 stammt, sind bereits die beiden ursprünglich als Reserveflächen eingeplanten Gebiete im Osten und Westen der Stadt als Wohngebiet Gimritzer Damm (**5**) und Wohngebiet West (**6**) eingezeichnet. Denn „schon 1966 ging man im Büro des Chefarchitekten davon aus, dass Halle-Neustadt bis 1985 allein durch Geburten auf über 83.000 Einwohner anwachsen werde" (PRETZSCH 2006a: 41). Im Südwesten befindet sich das aus der Stadt ausgelagerte und als Versorgungsgebiet (**8**) bezeichnete Gewerbegebiet von Halle-West.

6.1 Die Wohnkomplexe

Der Generalbebauungsplan für Halle-Neustadt umfasst die Zielstellung, die Stadt nach den sozialistischen Grundsätzen aufzubauen. Ein wichtiger Bestandteil der damit verbundenen sozialistischen Kulturrevolution ist der Bau von Wohnkomplexen. „Im Prinzip umfasst jeder Wohnkomplex Wohnbauten und die dazugehörigen gesellschaftlichen Bauten wie zum Beispiel Kinderkrippen, Kindergärten, Schulen und ein Wohnkomplexzentrum mit kulturellen sowie gastronomischen, Handels-, Dienstleistungs- und Gesundheitseinrichtungen" fasst Horst SIEGEL (1967: 217) zusammen. Wichtiger als die einzelnen Elemente der Wohnkomplexe ist aber deren Funktion im Sozialismus. Durch die Vielzahl der Einrichtungen wird das Zusammenleben der Menschen einer sozialistischen Gemeinschaft gefördert und persönliche und gesellschaftliche Interessen in Übereinstimmung gebracht (SCHLESIER et al. 1972: 85).

Dies geschieht vor allem durch die Beseitigung der Klassengegensätze: „Jeder wohnt unter gleichen Bedingungen in gleichen Wohnungen" (SCHLESIER et al. 1972: 85), sollte es dennoch äußerlich sichtbare Unterschiede geben, ist dies der Versuch, ein abwechslungsreiches Stadtbild zu schaffen.

In Halle-Neustadt wurde zudem erstmalig mit Wohnkomplexgrößen von mindestens 12.000 Einwohnern geplant. Zuvor waren Größen von 4700 bis 6600

Einwohner als ideal angesehen worden. Doch die Erfahrungen aus anderen Planstädten wie Eisenhüttenstadt oder Hoyerswerda haben gezeigt, dass mit höheren Einwohnerzahlen die Rentabilität des Handels, der Gastronomie und der Versorgungswirtschaft wesentlich gesteigert werden konnte (SCHLESIER et al. 1972: 85f).

Allerdings bin ich der Meinung, dass es noch andere Gründe für die Erhöhung der Wohnkomplexgrößen gab. Zunächst ist die angestrebte Verdichtung der Einwohnerzahlen auf die geforderten 300 Einwohner pro ha zur Erzeugung des Großstädtischen Charakters zu nennen. Zusätzlich dazu wurde Halle-Neustadt aber zu einer Zeit geplant und gebaut, als mit dem sozialistischen Gut „Boden" nicht mehr so verschwenderisch umgegangen werden konnte, wie das noch in den 1950er Jahren der Fall gewesen war. Dieser Umstand verstärkte sich noch im Laufe der Jahre des Aufbaus von Halle-Neustadt und sollte im Wohnkomplex IV seinen Höhepunkt erreichen.

Um die Vorgabe des wissenschaftlich-technischen Höchststandes im Bauwesen und die Umsetzung durch die Montagebauweise zu erfüllen, wurde bereits 1962 mit der Entwicklung des Grundtyps P2 in Berlin als Experimentalbau begonnen (SCHLESIER et al. 1972: 98). Noch vor Abschluss der Untersuchungen an den Bauten wurde beschlossen, dass der Grundtyp „in Halle-West in großem Umfang zur Anwendung kommen [sollte] – eine Stadt auf der Basis eines einzigen Wohnungstyps!" (BACH 1993: 25).

Die Architekten von Halle-Neustadt betrachteten diesen Typ, sowie sein Folgemodell P2.12 und schließlich die Wohnungsbauserie (WBS), als „offene" Systeme, mit großen Möglichkeiten der Variabilität. Laut BACH (1993: 25) konnten tatsächlich aber nur Räume und Raumgruppen (so genannte Funktionsbausteine) zu Wohnungen unterschiedlicher Größe, sowie Fassadenoberflächen, -öffnungen und Logienbauten variiert werden. Die genormten Raumgrößen und -konfigurationen sowie die großflächigen Bauelemente ließen nur eine äußerst geringe Variationsbreite zu.

Der *Wohnkomplex I* südlich der Magistrale wurde als erstes Neustädter Wohngebiet zwischen 1964 und 1968 errichtet. Hier wurde außerdem an der Polytechnischen Oberschule südöstlich des Wohnkomplexzentrums der Grundstein für Halle-Neustadt gelegt.

Der Wohnkomplex beruht in seiner Grundstruktur auf den Planungen des Büros für Gebiets-, Stadt- und Dorfplanung Halle von 1961. „Die strenge Zeilenbebauung lässt den einseitigen Einfluss der Kranbahnführung erkennen" (SIEGEL 1967: 221). Dies lässt sich damit begründen, dass es zum damaligen Zeitpunkt kaum andere Möglichkeiten zur Montage der Plattenbauten gab, da sich die Industrialisierung des Wohnungsbaus noch in ihren Anfängen befand. Die Wohnbebauung im WK I setzt sich ausschließlich aus fünf- und zehngeschossigen Wohnbauten zusammen.

Das eigentliche Rückgrat des gesamten Komplexes bildet der 380 Meter lange Wohnblock östlich des Wohnkomplexzentrums. Dieser wurde in nur 12 Monaten Bauzeit bis 1967 errichtet und galt lange Zeit als längster Block der Republik (PRETZSCH 2006b: 48). Er setzt sich aus vier Teilen zusammen, welche durch drei eingeschobene Verbindungsbauten vereinigt werden. Dies wurde nötig, um Durchgänge zu schaffen und das Wohnkomplexzentrum nicht vom östlichen Teil des WK I abzuschneiden (FRAUSTADT 1967: 240).

Dennoch waren die Stadtplaner mit dem Resultat im WK I nicht zufrieden. Die Zeilenbebauung gewährleiste zwar gute Besonnung und Belüftung, rief aber den Eindruck von Monotonie und Schematismus hervor, schreiben SCHLESIER et al. (1972: 95).

Die Folge war, dass im WK I am meisten mit der Gestaltung des öffentlichen Raumes experimentiert wurde. Leider ist es nie gelungen, die Querbandbauweise aus Großplatten so zu modifizieren, dass die fensterlosen Giebelfronten geöffnet werden konnten (BACH 1993: 29). Stattdessen wurde versucht „die Wirkung durch Vorblendung plastischer Betonelemente zu verbessern", denn diese „geben bei Sonneneinfall sehr interessante Schattenwirkungen" (SCHLESIER et al. 1972: 95). Doch selbst das Schönreden seitens der Architekten kann nicht darüber hinwegtäuschen, dass der Effekt beinahe zu vernachlässigen und nur „mit erheblichen ökonomischen Aufwand erreicht worden" (ZAGLMAIER 1969b: 610) ist. Die Konsequenz für ZAGLMAIER (1969b: 610) ist die Schaffung universeller Bauelemente, mit denen ebenfalls architektonische Vielfalt und Schönheit erreichbar ist. Damit würde sich meinem Erachten nach allerdings die gleiche Ausgangssituation einstellen und die Individualität zwangsläufig erneut auf der Strecke bleiben.

Weitere Versuche, die Monotonie aufzubrechen waren die Verwendung so genannter Schmetterlingsdächer, rhombenförmiger Durchbruchelemente im Fensterbereich oder anderweitig rhythmisiert angeordneter Betonblenden (FRAUSTADT 1967: 238ff). Auch „Werke der bildenden Kunst – Wandbilder, figürliche und raumgliedernde plastische Gestaltungen – bereichern" (SCHLESIER et al. 1972: 89) den öffentlichen Raum.

„Der einzige Versuch, die Losung »Von der Chemie – für die Chemie« umfassend in die Praxis umzusetzen" (PRETZSCH 2006b: 49) findet sich ebenfalls im WK I mit dem südlich vom Wohnkomplexzentrum gelegenen „Plasteblock". Hier wurden Plaste aller Arten vor allem zu Zwecken der Wärmedämmung und im Sanitärbereich zur bautechnischen Erprobung eingesetzt. Den offensichtlichsten Einfluss auf die Außenwandgestaltung haben dabei die gelben, 6 Meter breiten, gewellten Polystyrolschaum-Platten. Dennoch sind Plaste als Baustoff „in technischer und wirtschaftlicher Hinsicht Grenzen gesetzt" und es müsse nach BRAMBACH (1967: 235) untersucht werden, ob „Plaste im Vergleich zu konventionellen Baustoffen Vorteile bieten, die sich wirtschaftlich vertreten lassen". Wie sich später herausstellte, überlebten lediglich „bruchfeste Polyesterwellplatten […], die […] in ihrer Farbenfreudigkeit als Balkonverkleidung in ganz Halle-Neustadt zum Einsatz kamen" (PRETZSCH 2006b: 49) die Erprobung im WK I.

ZAGLMAIER (1969a: 598) erklärt den Grund für die Konzentration aller Einrichtungen des Handels, der Gastronomie, Bildung, Dienstleistung und des Gesundheitswesens im Wohnkomplexzentrum mit der Schaffung optimaler Gebrauchsfähigkeiten. Darunter versteht er „günstige Verkehrserschließungen; Heranführung des Massenverkehrsmittels; Bildung von Park- und Anlieferzonen außerhalb der intim gestalteten Fußgängerbereiche; ökonomische Bewirtschaftung der Einrichtungen und damit Erhöhung des Gebrauchswertes, unter anderem durch Verkürzung des Zeitaufwandes beim Einkaufen." In anderen Worten: die ausschließlich als Fußgängerzonen konzipierten Wohnkomplexzentren sollten den Bewohnern durch kurze Gehzeiten ein gesellschaftliches und städtisches Erlebnis bieten.

Der Entwurf des Wohnkomplexzentrums wurde ebenfalls aus dem Wettbewerb der frühen 1960er Jahre übernommen. Dieser sieht einen Baukörper aus drei einheitlich gestalteten, eingeschossigen Gebäuden vor, welche durch eine langgestreckte durchlaufende Horizontale des Dachabschlusses verbunden sind (SCHLESIER et al. 1972: 89). Das Besondere des Wohnkomplexzentrums im WK I ist die Tatsache, dass es eines der wenigen Gebäude in Halle-Neustadt ist, welches nicht aus typisierten Elementen, sondern in Stahlskelettbauweise errichtet wurde. Allerdings wurde die Architektur im Nachhinein als unbefriedigend empfunden, weswegen die Wohnkomplexzentren in den anderen Wohnkomplexen Halle-Neustadts als Einzelgebäude in Montagebauweise geplant wurden.

In den 1970er Jahren wurde im Südwesten des WK I zusätzlich ein „Kinderdorf" errichtet. Dieses besteht aus Kinderkrippe, Kindergarten und kindergerechten Anlagen und wurde nötig, weil „die Kapazitäten der innerstädtischen Kindereinrichtungen dem Bedarf nicht gerecht wurden" (PRETZSCH 2006b: 48). Ist im WK I noch die strenge Zeilenbebauung bestimmend, haben die Planer im *Wohnkomplex II* versucht, diese durch das Einsetzen von Eckverbindungen aufzubrechen.

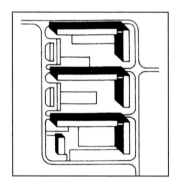

Abbildung 6: Charakteristische Wohngruppe in Wohnkomplex II
Quelle: SCHLESIER et al. 1972: 95

Abbildung 6 zeigt die im WK II typische Anordnung der Wohnbauten und die Verbindung über Eckelemente. Hierzu führt BACH (1993: 29) aus, dass es viel Mühe kostete, die Eckverbindungen mittels Sonderanfertigungen durchzusetzen, denn „für Betonideologen waren das »Mischbauweisen« und somit Sakrileg." In Berlin und vielen anderen Bezirken der DDR gelang es auch später nicht, solche Lösungen einzusetzen. Stattdessen wurden Betongitter oder andere Attrappen genutzt. Dennoch zeigt sich, dass sich die Anordnung der Blöcke zueinander nicht wesentlich von der im WK I unterscheidet.

Grund für die Neuanordnung der Wohnbauten waren die als gescheitert zu wertenden Versuche, die Plattenfassaden im WK I zu kaschieren. „Das Interesse galt nun vorrangig der Frage, inwieweit der industrialisierte Wohnungsbau die Schaffung differenzierter Stadträume ermöglicht" (PRETZSCH 2006b: 50). Daher entwickelten die Planer mehrere Sonderlösungen, aus denen Maisonette-Wohnungen, Dachterrassen und der verstärkte Einsatz von Loggien hervorgegangen sind und die architektonische Palette bereichert werden sollte (SCHLESIER et al. 1972: 98).

Den auffälligsten Unterschied zu WK I bildete sicherlich das Wohnkomplexzentrum im WK II. Dieses liegt im Schnittpunkt des zentralen Grünraum-Fußgängerbereiches mit der Haupterschließungsstraße des Wohnkomplexes. Nach Auswertung der Erfahrungen im WK I wurden die Funktionsbereiche getrennt und jeder Funktionskomplex nach den benötigten Anforderungen errichtet. Daher gibt es ein Gebäude mit Dienstleistungseinrichtungen wie Friseur, Post oder Sparkasse; ein Ambulatorium mit Apotheke, sowie eine Kaufhalle mit über 1000 Quadratmeter Verkaufsraumfläche (SCHLESIER et al. 1972: 87). Die Anordnung der Baukörper sollte darüber hinaus den zentralen Raum der Begegnung zu einem besonderen Erlebnisbereich im Wohnkomplex gestalten.

Im *Wohnkomplex III* nördlich der Magistrale wurde die Differenzierung des Raumes noch weiterentwickelt.

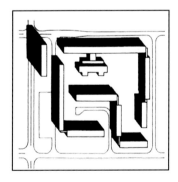

Abbildung 7: Charakteristische Wohngruppe in Wohnkomplex III
Quelle: SCHLESIER et al. 1972: 95

Wie aus Abbildung 7 hervorgeht, war es in WK III möglich, zu mäanderförmigen Raumkonfigurationen mit differenzierteren Außenräumen zu gelangen.

Dabei wurden die Wohngruppen so angeordnet, dass diese zum Wohnkomplexzentrum und damit zum Hauptkommunikationsbereich führen.

Völlig neu ist die Anbindung der Kindereinrichtungen an die Wohngebäude und die Anordnung in den entstehenden Innenhöfen. Dies wurde erst dadurch möglich, dass die Wirtschaftserschließung über einen Wohnblock erfolgte. Dadurch konnte der Erschließungsverkehr völlig aus den Blockinnenräumen ferngehalten und die Wohnqualität deutlich gesteigert werden. Soziologen prägten dafür später den Begriff des „halböffentlichen" Raumes (BACH 1993: 30).

Das Wohnkomplexzentrum war die Konzeption eines zweigeschossigen Rundbaus für die Kaufhalle und die Gaststätte vorgesehen. Einmal mehr wird im Zentrum von WK III deutlich, welch wirtschaftlichen Restriktionen die Städteplaner unterstanden. Denn der Rundbau konnte aus ökonomischen Gründen nicht realisiert werden. „Deshalb wurde für die Kaufhalle eine eingeschossige Metallleichtbaukonstruktion gewählt. Für das Ambulatorium und die Apotheke wird das Projekt für das Wohnkomplexzentrum II wiederverwendet" (SCHLESIER et al. 1972: 89). Und so sehen die Wohnkomplexzentren des WK II und WK III beinahe identisch aus. Dies steht in totalem Widerspruch zu den Bemühungen der Planer, keinen Schematismus in Halle-Neustadt entstehen zu lassen und stattdessen Variation in das Stadtgepräge zu integrieren. Ein anderes Beispiel für die Wiederverwendung vorhandener Konzepte sind die Gebäude der Polytechnischen Oberschulen. Fast alle Schulgebäude im gesamten Stadtgebiet und in der DDR gehen aus Kostengründen auf die so genannte Erfurter Serie zurück. Einzige Ausnahme bildet aus den genannten Gründen auch hier WK I sowie das Bildungszentrum.

PRETZSCH (2006b: 50) sieht WK III dem städtebaulichen Leitbild der verdichteten Stadt verpflichtet. Ausdruck hierfür ist eine nicht nur im Verhältnis zu WK I höhere Einwohnerdichte, sondern auch das Bemühen um Funktionsverflechtung, wie die Neuanordnung der Kindereinrichtungen zeigt oder die Verbindung von Friseur oder Blumenladen im Erdgeschoss eines Wohnhauses.

Eine Besonderheit für Halle-Neustadt bildet das nordöstlich an das Wohnkomplexzentrum anschließende Punkthochhaus. Dieses wurde 1974 gebaut und war das erste in ganz Halle-Neustadt.

Eine komplett andere Entstehungsgeschichte und Struktur besitzt der *Wohn-komplex IV*. Ursprünglich war „die Übernahme der Wettbewerbsarbeit des Kollektivs Dipl.-Ing. Gericke von der Deutschen Bauakademie" (PAULICK 1967a: 209) als vorläufige Lösung geplant. Den tatsächlich umgesetzten Entwurf zeigt daher Abbildung 8.

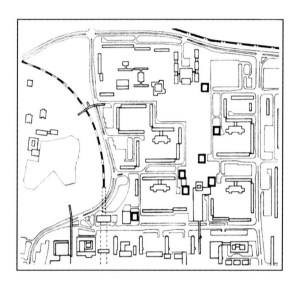

Abbildung 8: Bebauungskonzeption Wohnkomplex IV, 1969
Quelle: SCHLESIER et al. 1972: 108

Vorrangig zwei Punkte prägten die Planung des WK IV. Zum Einen sollte nach ersten Überlegungen eine Einwohnerdichte von 600 bis 800 Einwohnern pro ha erreicht werden. Dies wurde nötig, weil immer mehr auf die sparsame Inanspruchnahme des Bodens geachtet werden musste und als städtebauliches Experiment auch Ergebnisse für andere Städte der Republik liefern sollte (SCHLESIER et al. 1972: 104).

Zum Anderen kamen im Zusammenhang mit der Planung von WK IV und des nahe gelegenen Stadtzentrums von Halle-Neustadt Fragen zum Thema der Mehrstufigkeit von Wohnkomplexen auf. In der DDR war es bis dahin üblich, einen Wohnkomplex der Erlebnisbereiche entsprechend stufenweise zu steigern. Beginnend bei der kleinsten Einheit sind dies die Wohngruppe, das Wohnkomplexzentrum, der Hauptgrünraum des Wohnkomplexes und die Magistrale (ZAGLMAIER 1969a: 598). Durch die räumliche Nähe zum Stadtzentrum kam daher die Diskussion auf, ob WK IV überhaupt ein Wohnkomplexzentrum benötigte.

Um die höhere Bevölkerungsdichte zu erreichen, blieb den Planern nichts anderes übrig, als höher zu bauen. Dies sollte sich aber nicht punktuell auf einzelne Hochhausdominanten beschränken, sondern den kompletten Wohnkomplex umfassen. Dafür wurde ausschließlich mit 14 bis 20-geschossigen Gebäuden geplant (SCHLESIER et al. 1972: 105). „Auf gleicher Fläche hätten doppelt so viel Menschen, wie ursprünglich in der Grundkonzeption vorgesehen, untergebracht und wertvolles Bauland eingespart beziehungsweise effektiver genutzt werden können" schreiben SCHLESIER et al. (1972:105). Auffällig ist der Gebrauch des Wortes „untergebracht". Hier scheint es offensichtlich weniger um die Wohnqualität als um die Einquartierung der Menschen zu gehen.

Zur besseren Auslastung der Versorgungseinrichtungen des Stadtzentrums wurde schließlich entschieden, auf ein Wohnkomplexzentrum zu verzichten.

Unter diesen Vorgaben wurde im Jahr 1966 ein Wettbewerb durch den Rat der Stadt Halle ausgeschrieben. Der prämierte Entwurf wurde allerdings unter Leitung des Chefarchitekten Paulick weiterentwickelt. Es wurden schließlich 6250 Wohnungen für 21.000 Einwohner geplant, womit eine Einwohnerdichte von 660 Einwohnern pro ha bei einer vollständigen Hochhausbebauung mit Gebäudehöhen von 12 und 25 Geschossen erreicht worden wären (SCHLESIER et al. 1972: 107). Des Weiteren sollten Schulen, Kindergärten, Kinderkrippen und eine Schülerbibliothek gebaut werden. Alle anderen Versorgungseinrichtungen aber waren ausgelagert.

Doch auch der WK IV war nicht vor den Sparzwängen der DDR-Führung sicher. Ökonomische und technische Gründe ließen eine Realisierung der Planungen nicht zu. Deshalb wurden Veränderungen hinsichtlich der Gebäudehöhen vorgenommen. Mehr als die Hälfte der geplanten Gebäude sollten fünf Geschosse besitzen, 36 Prozent sechs bis vierzehn Geschosse und nur noch 8 Prozent mehr als vierzehn (SCHLESIER et al. 1972: 107). Dies hatte also nichts mehr mit den ursprünglichen Planungen gemein und lässt sich unter anderem mit den teuren Einbau von Fahrstühlen begründen. Der Einbau war bei fünf Geschossen nicht nötig. Darüber hinaus wurden die 14-geschossigen Gebäude als Y-Hochhäuser realisiert. So konnten alle Etagen mit nur einem mittig platzierten Fahrstuhl erreicht werden. Die Standorte sind in Abbildung 8 als schwarze Quadrate sichtbar.

Ebenfalls aus Abbildung 8 geht die weitere Konzeption hervor. Diese orientiert sich eindeutig auf das benachbarte Stadtzentrum. Die Hauptachse bildet der Fußgängerbereich in Nord-Süd Richtung. Die durch die Anordnung der Gebäude geschaffenen Freiflächen sollten zur Erholung genutzt werden. Erstmals wurde außerdem von Beginn an ein Kollektiv von Malern, Bildhauern, Freiflächengestaltern u.a. sowie den Städtebauern und Architekten gebildet. Grund hierfür war der Versuch der optimalen Koordinierung aller gestalterischen Faktoren und Integrierung in die städtebaulichen Strukturen. Die Ergebnisse wurden von SCHLESIER et al. (1972: 108) neutral bewertet. Einzig die Erkenntnisse würden sich in späteren ähnlichen Arbeiten als nützlich erweisen.

Nach Abschluss der Bauarbeiten an WK IV 1974 sind nun alle vier ursprünglich geplanten Wohnkomplexe von Halle-Neustadt errichtet worden.

6.2 Das Stadtzentrum

Die Entwicklung des Stadtzentrums von Halle-Neustadt bis zur Wiedervereinigung 1990 erzählt eine wechselvolle Geschichte und offenbart gleichzeitig den drastischen Unterschied zwischen der Planung und der Umsetzung eines Bauvorhabens.

Der Entwurf des Stadtzentrums geht auf den Wettbewerb von 1964 zurück, hat aber einen „vielseitigen Entwicklungsprozess durchgemacht" (BACH 1967: 210), indem die Meinung vieler Fachleute, Funktionäre, der Partei- und Staatsführung und anderer eingeflossen ist. Das Zentrum erstreckt sich schließlich in West-Ost Ausrichtung nördlich der Magistrale und ist durch eine Fußgängerachse gekennzeichnet.

Am 12. Mai 1967 wurde Halle-Neustadt zur eigenständigen und kreisfreien Stadt (Stadtkreis) erklärt. Dies war allerdings nur eine Formalie, da dieser Schritt bereits in der „Direktive für die städtebauliche Gestaltung und den Aufbau der Chemiearbeiterstadt Halle-West" festgelegt war.

Funktion des Stadtzentrums

Das Autorenkollektiv um SCHLESIER et al. (1972: 109) sieht das Charakteristische eines Stadtzentrums darin, „dass hier der Großteil der Belange, die die Stadtbevölkerung als Ganzes, als städtische Gemeinschaft betreffen, konzentriert wird." Dies bedeutet, dass im Stadtzentrum zunächst einmal alle Einrichtungen vorhanden sind, die nur einmal in der Gesamtstadt vorkommen sollen. Hierzu gehören Einrichtungen der staatlichen Kultur, der Bildung, Erziehung, der Jugend und des Sports, der Erholung und der Versorgung.

Wichtiger scheint aber eine andere Komponente zu sein, welche auf den ersten Blick den Grundsätzen des Sozialismus widerspricht, aber bei genauerer Betrachtung von enormer Bedeutung für das Funktionieren des Sozialismus ist. Stellvertretender Chefarchitekt der Chemiearbeiterstadt Joachim BACH (1967: 210) fasst dies wie folgt zusammen: Viele Menschen gehen ohne einen bestimmten Zweck in das Zentrum, bloß um des anonymen Kontaktes willen, um zu sehen, gesehen zu werden oder zufällige Bekannte zu treffen. Diese Anonymität steht dem gesellschaftlichen Leben in den Wohnkomplexen gegenüber und bietet den Bewohnern der Stadt eines der letzten Stückchen an Freiheit und Individualität im Sozialismus. Um dies zu erreichen muss das Zentrum anziehend wirken, „von seiner gestalterischen Konzeption her zwischen Funktionellem und Emotionellem liegenden Bedürfnissen Rechnung" (BACH 1967: 210) tragen.

Außerdem wurde mit der vorgestellten Konzeption der Gegensatz zu den Entwicklungen der 1960er Jahre in den westlichen Städten betont und demzufolge, die „Ausbreitung des tertiären Wirtschaftssektors in den Zentren, Verdrängung der Wohnbevölkerung, rücksichtslose Neubebauung mit Kaufhäusern, Banken und Bürogebäuden usw." (BACH 1993: 33) zu verhindern versucht. Dies findet besonders in den fünf nebeneinander platzierten Hochhausscheiben im östlichen Teil des Zentrums sichtbaren Ausdruck, welche als „Wohnheime für Ledige, Studierende und nur zeitweilig Anwesende konzipiert" (BACH 1993: 33) waren.

Eine weitere Besonderheit ergibt sich aus den engen Verflechtungen zur Stadt Halle. Aus diesem Grund ist es nach Ansicht von SCHLESIER et al. (1972: 111) nicht notwendig, dass auch Halle-Neustadt beispielsweise über ein Theater oder Opernhaus verfügen müsse.

Aus diesen Vorgaben ergibt sich eine Dreiteilung der Funktionen des Stadtzentrums. „Ein Bildungszentrum im Westen, ein mittig gelegenes politisches, administratives und kulturelles Zentrum sowie ein Versorgungs- und Einkaufszentrum im Osten" (PRETZSCH 2006b: 43).

Der Beginn des Aufbaus des Bildungszentrums im Jahr 1966 stellte den Auftakt der Bautätigkeiten für das Stadtzentrum dar und dauerte bis 1971. Ursprünglich gehörten zum Bildungszentrum eine Berufsschule, eine Musikschule, eine spezielle Einrichtung der Polytechnischen Oberschule und das Haus der Jungen Pioniere (BACH 1993: 34). Gebaut wurde schließlich ein erweitertes Bildungszentrum mit Internat, Mensa, Stadion, einer Schwimmhalle für den Hochleistungssport und weiteren Einrichtungen. Dies entspricht gemäß der Komplexität des sozialistischen Bildungssystems der besonderen Bedeutung von Kultur und Bildung (SCHLESIER et al. 1972: 115). Weiterhin auffällig ist die starke Durchgrünung des Areals, welche die „Jugendlichen zum Lernen und Diskutieren im Freien anregen" (PRETZSCH 2006b: 44) sollte.

Tatsächlich ist das Bildungs- und Sportzentrum der einzige Bereich des Stadtzentrums, welcher gemäß der ursprünglichen städtebaulich-architektonischen Konzeption weitestgehend umgesetzt wurde. Dies liegt zum Einen am frühen Baubeginn, meiner Meinung nach aber auch an der Bedeutung des Sports und seiner internationalen Wirkung nach Außen für die DDR.

Im östlichen Teil des Stadtzentrums befindet sich das vor allem durch seine fünf Scheibenhochhäuser gekennzeichnete Einkaufs- und Versorgungszentrum. Für dieses wurde eine Zwei-Ebenen Lösung konzipiert, welche vorsah, auf der oberen Ebene eine Fußgängermagistrale zu errichten. Um den zu erwartenden Parkplatzbedarf besser abdecken zu können und der Belieferung der Handelseinrichtungen gerecht zu werden, sollte darunter eine zweite, tiefer gelegen Ebene eingezogen werden (SCHLESIER et al. 1972: 221). Auf diese Art und Weise sollten mittels Vertikalisierung die Funktionen Wohnen, Versorgung und Verkehr integriert werden (PRETZSCH 2006b: 47).

Der Baubeginn verzögerte sich allerdings bis zu Beginn der 1970er Jahre, da die geplanten Hochhausscheiben mit der angestrebten Höhe von 25 Geschossen nicht mit den verfügbaren Plattentypen errichtet werden konnten. Erst der Import des schwedischen Allbeton-Patentes ermöglichte den Aufbau. Dennoch kam es kurz darauf, gezwungenermaßen, zu einer Umgestaltung des Versorgungszentrums. Aus wirtschaftlichen Gründen wurde die Konzeption verworfen, nachdem mittlerweile bereits drei Hochhausscheiben und eine Post gebaut worden waren. Kurioserweise lagen diese jetzt eine Ebene zu hoch, denn die Fußgängerzone befand sich in den neuen Planungen auf der ursprünglichen

Parkebene. In dieser wurden nun „drei zufällig verfügbare zweigeschossige Ladenbauten errichtet, die in keiner Weise dem Programm und der Bedeutung des Standortes entsprachen" (BACH 1993: 35).

Im östlich gelegenen Marktbereich sollte sich die obere Fußgängerebene nach Norden als Brücke fortsetzen. Der tiefer liegende Marktplatz selbst wurde als Sammelplatz für die aus den Wohnkomplexen II, III und IV kommenden Bewohner und gleichzeitig als Gegenpol zum Zentralen Platz konzipiert (BACH 1967: 211).

Darüber hinaus sollten die 5 Hochhausscheiben nebeneinander liegend erbaut werden. Doch auch dieser Plan wurde nicht in die Realität umgesetzt. Mit der Planung des WK IV sollte das östlich gelegene Hochhaus im Versorgungszentrum nach Süden einrücken, da hierdurch „das Zentrum stärker als bisher konzentriert" (PAULICK 1967b: 276) und ein Abschluss nach Osten zum WK III geschaffen wird.

Das politisch-kulturelle Zentrum, welches das Bildungszentrum im Westen mit dem Versorgungszentrum im Osten verbindet, entwickelte sich für die Planer im Laufe der Jahre zu einer Farce.

Geplant war ein Zentraler Platz mit Verbindung zur Magistrale. Am Zentralen Platz anschließend, hatte das Hochhaus der Chemie die Aufgabe als „Höhepunkt der Stadtsilhouette und markante Vertikale im Straßenraum der Magistrale wirksam [zu] werden" (SCHLESIER et al. 1972: 112). Alle drei Elemente sind in den „Sechzehn Grundsätzen des Städtebaus" verankert.

Dem Zentralen Platz wurde daher auch die Bestimmung als „gesellschaftlicher und politischer Mittelpunkt, Stätte der festlichen und politischen Manifestation der Einwohnerschaft" (SCHLESIER et al. 1972: 112) zugeschrieben. In repräsentativen und großzügig geplanten Gebäuden sollte der Rat der Stadt und verschiedene Dienststellen untergebracht werden. Als wichtigstes Gebäude für das geistig-kulturelle Leben in Halle-Neustadt wurde das Kulturzentrum mit überregionaler Bedeutung angesehen.

Bemerkenswert ist, dass die Idee des Zentralen Platzes Anfang der 1960er Jahre nicht mehr unumstritten war und trotzdem in Halle-Neustadt umgesetzt wurde. Erfahrungen aus anderen Städten wie Dresden haben gezeigt, dass die oftmals überproportionierten Plätze stark zur Verödung tendierten. Um dieser Gefahr entgegenzuwirken, „wurden mitten auf dem Platz Ausgänge des S-

Bahnhofs" (PRETZSCH 2006b: 45) angeordnet, welcher unter dem Zentrum lag. Des Weiteren waren nie umgesetzte farbige und graphische Gestaltungen, Bepflanzungen und Brunnen vorgesehen.

Das ursprünglich geplante, etwa 100 Meter hohe Hochhaus der Chemie verschwand 1974 „stillschweigend aus den Plänen für das Stadtzentrum. Zur Kompensation wurden in den 1970er Jahre zwei Wohnhochhäuser westlich des Zentrums errichtet" (PRETZSCH 2006b: 45). Ebenfalls nie gebaut wurde das Kulturzentrum, dessen Entwurf in ähnlicher Form heute aber als Neues Gewandhaus in Leipzig steht. „Magerer Ausgleich für das Kulturzentrum war ein Kino namens »Prisma« (Bau 1977-81), das einsam auf dem leeren Zentralen Platz stand" (PRETZSCH 2006b: 45) und bereits 1999 wieder abgerissen wurde. Kurz vor der Wiedervereinigung wurde an der Südseite des Platzes schließlich noch ein Rathaus gebaut, welches aber nie als solches genutzt wurde, da am 06.05.1990 Halle-Neustadt gemäß eines Bürgerentscheids den Status der kreisfreien Stadt aufgab und nach Halle eingemeindet wurde.

Die Absicht, eine räumlich geschlossene, gut proportionierte Platzanlage als Mittelpunkt der neuen Stadt zu schaffen, ist nicht mehr erkennbar.

Dabei kommt unweigerlich die Frage auf, was die Gründe hierfür waren. Warum konnten die ambitionierten Pläne nicht umgesetzt werden?

Joachim BACH (1993: 34), Stellvertreter des Chefarchitekten, blickt 1993 selbstkritisch zurück und sieht einschneidende Veränderungen, sogar den Verlust der Gesamtidee, in den wirtschaftlichen Restriktionen der ersten Hälfte der 1970er Jahre begründet. Dabei sei es bezeichnend, „dass gerade die Verwirklichung der anspruchsvollen Idee des Zentralen Platzes an der politischen und wirtschaftlichen Schwäche des Systems scheiterte."

Auffällig beim Studieren der Literatur ist zudem, dass das politische System ab den 1970er Jahren offensichtlich das Interesse am Projekt Halle-Neustadt verlor und aus diesem Grund bis dato nicht umgesetzte Bauvorhaben auf Eis legte. Zu diesem Zeitpunkt konnte man sich bereits damit rühmen, 20.000 neue Wohnungen, Schulen, Kindergärten und Kaufhäuser gebaut zu haben. Zusätzliche Investitionen hätten den Anschauungswert von Halle-Neustadt also nur minimal erhöht.

6.3 Bevölkerungsentwicklung und Stadtgröße

Die von den Planern unterschätzte Bevölkerungsentwicklung machte es schnell nötig, auf die Reserveflächen der Stadt zurückzugreifen und so das Stadtbild noch einmal entscheidend zu verändern.

In der ersten Grundkonzeption von 1964 wurde eine Entwicklung auf 70.000 Einwohner bis zum Jahre 1973 vorgesehen. Allerdings wurde bereits 1966 davon ausgegangen, dass sich die Stadt über diese Kapazitätsanforderungen hinaus entwickeln würde. Aus diesem Grund betrachtete man die im Osten und Westen der Stadt bebaubare Fläche als Reserve für eine weitere Stadtentwicklung (SCHLESIER et al. 1972: 78).

Als Gründe für die erwartete Entwicklung sehen die Stadtplaner zum damaligen Zeitpunkt die Wirkung der Industrie, „vor allem der Chemieindustrie als stadtbildender Faktor, die Lage der Stadt in einem Agglomerationsgebiet und das überdurchschnittlich natürliche Wachstum der Bevölkerung auf Grund über einen längeren Zeitraum vom Durchschnitt stark abweichenden Altersstruktur der Wohnbevölkerung" (SCHLESIER et al. 1972: 78).

Tatsächlich ergab eine statistische Erhebung im Jahr 1969 eine extrem ungleichmäßige Altersstruktur. Sie entsteht durch die Errichtung vieler Wohnungen in einem kurzen Zeitraum. Diese werden vorwiegend von jungen Ehepaaren bezogen. Dies wiederum lässt die Geburtenrate und den Anteil der Kinder im Vorschulalter ansteigen. Im Gegensatz dazu trennen sich ältere Leute schwerer von ihrer bekannten Umgebung und sind kaum bereit umzuziehen. Diese Faktoren ergeben zusammen den in der Tabelle 2 ausgewiesenen Unterschied der Altersstruktur von Halle-Neustadt im Vergleich zum DDR-Durchschnitt.

Tabelle 2: Altersstruktur der Bevölkerung, Stand: 31.12.1969

Altersgruppe [Jahre]	Halle-Neustadt [%]	DDR-Durchschnitt [%]
0 bis 3	9,46	4,2
3 bis 6 7/12	11,26	6,5
6 7/12 bis 16 7/12	13,70	15,8
16 7/12 bis 60/65	63,08	58,0
über 60/65	2,50	15,5

Quelle: SCHLESIER et al. 1972: 80

Dabei zeigt Tabelle 2, dass besonders Kinder im Kinderkrippen- und Kinder- gartenalter sowie Erwachsene über 60/65 stark vom DDR Durchschnitt abwei- chen. Der Bedarf an Kinderkrippen- und Kindergartenplätzen stellte sich also weitaus höher dar. So mussten zusätzliche Einrichtungen gebaut werden, „so dass im ersten Wohnkomplex schließlich 1300 Krippenplätze (Norm 375) und 1700 Kindergartenplätze (Norm 675) zur Verfügung standen" (BACH 1993: 38). Dieser zusätzliche Bedarf ergab sich aus dem verfassungsmäßig veranker- ten Recht auf Arbeit für Frauen.

Den Planern war aber auch bewusst, dass sich die Altersstruktur in den Folge- jahren verschieben und diese Gebäude anschließend nicht mehr in dieser Funk- tion benötigt werden würden. Deswegen wurde versucht, so genannte Mehr- funktionseinrichtungen zu entwickeln (BACH 1993: 38).

Die genannten Faktoren ließ die Stadtplaner die Stadtgröße daher 1969 von ehemals 70.000 Einwohnern auf einen maximalen Grenzwert von 115.000 Einwohnern limitieren (SCHLESIER et al. 1972: 78)

Dabei wurde die Größe der Wohnkomplexe auf die in Tabelle 3 einsehbaren Werte festgelegt. Diese ergaben sich sowohl aus bekannten, als auch aus ge- schätzten Werten.

Tabelle 3: Größe der Wohnkomplexe und -gebiete in Halle-Neustadt

Bezeichnung	Anzahl der Wohnungseinheiten	Anzahl der Einwohner	Größe Hektar	Einwohnerdichte Einwohner je Hektar
Wohnkomplex I	5233	15000	64,75	232
Wohnkomplex II	6735	20000	73,85	271
Wohnkomplex III	4326	15000	54,30	276
Wohnkomplex IV	3319	13000	36,00	361
Wohngebiet Gimritzer Damm	4930	18000	56,90	316 (Vorgabe)
Wohngebiet West	8275	28000	87,40	320 (Vorgabe)
Gesamt	32818	109000	373,25	292 im Mittel

Quelle: Schlesier et al. 1972: 86

Zum Zeitpunkt der Entscheidung der Erhöhung des Grenzwertes war WK I in seinem Bau bereits abgeschlossen und WK II weit fortgeschritten. Die erste Planungsphase sah für WK I noch etwa 14.000 und für WK II 16.000 Einwoh- ner vor. Erst durch den Einbezug einer Reservefläche im WK I und des dritten Bauabschnitts in WK II konnten die in der Tabelle 3 einsehbaren Zahlen er- reicht werden (SCHLESIER et al. 1972: 86).

Interessant ist, dass sich die ursprünglich als Reservefläche ausgewiesen Gebiete im Osten und Westen der Stadt nun zu den größten Wohngebieten in Halle-Neustadt entwickelten.

Dabei ergibt sich die Lage zwangsläufig aus der bereits vorhandenen Bebauung, sowie den Möglichkeiten der funktionellen Anbindung an das Stadtzentrum. Aber auch umgekehrt kam die Frage auf, ob die zentralen Einrichtungen im Zentrum überhaupt für 115.000 Einwohner bemessen sind. Da aber die Grundversorgung in den Wohnkomplexzentren erfolgen sollte, hätte eine Vergrößerung der Stadt wohl nur zu einer geringen Überbelastung geführt (SCHLESIER et al. 1972: 79f).

Im Gegensatz zu den WK I bis IV zeichnet sich das Wohngebiet *Gimritzer Damm* durch seine Ausbreitung beiderseits der Magistrale aus, wobei der nördliche und der südliche Teil funktionell und gestalterisch als Einheit geplant wurden. Eine Verbindung wurde über einen Fußgängertunnel unter der Magistrale hergestellt. Drei realisierte Hochhäuser sollen den Stadteingang nach Halle-Neustadt markieren und eine elfgeschossige Bebauung eine Abgrenzung zur umgebenden Saaleaue bilden (SCHLESIER et al. 1972: 217).

Dieses Vorhaben kritisiert BACH (1993: 35), da durch die Hochhausbebauung die anfänglich geplante räumliche Beziehung zur alten Stadt Halle noch mehr verstellt wurde.

Zudem verfügen zwar beide Teile über ein Komplexzentrum, aber nur das südlich gelegene Zentrum die sollte Aufgabe der Dienstleistungen übernehmen. Dadurch entsteht eine noch engere Verknüpfung beider Wohngebietsteile.

Das größte Wohngebiet mit 28.000 Einwohnern sollte das *Wohngebiet West* werden und wurde ab 1975 gebaut. Dabei wurde seine westliche Grenze noch über die ausgewiesene Reservefläche hinaus verschoben. Trotz der großen Entfernung zum Stadtzentrum gehen die Stadtplaner durch eine Omnibusanbindung noch von einer ausreichenden Erschließung aus (SCHLESIER et al. 1972: 218).

Durch die Trennung der Magistrale wird das Wohngebiet West schließlich aus drei Teilen bestehen, welche ähnlich wie das Wohngebiet Gimritzer Damm eine städtebauliche Einheit bilden sollten. „Sie haben ein gemeinsames Wohngebietszentrum am westlichen Ende der Magistrale, dessen Baukörpergruppierung zugleich den städtebaulichen Raum der Magistrale abschließt"

(SCHLESIER et al. 1972: 218). Das Wohngebietszentrum ist auch im Wohngebiet West wie in den anderen Wohnkomplexen in einen Grünraum integriert, welcher durch die Wohnbebauung gebildet wird.

In den 1980er Jahren wird südlich des WK II das letzte Wohngebiet in Halle-Neustadt gebaut. Der „Südpark" reicht dabei fast bis an die Umgehungsstraße F80 heran.

6.4 Verkehrskonzept

Das Verkehrswesen war in der DDR gesondert vom Bauwesen geregelt. Aus diesem Grund gab es neben dem Generalbebauungsplan auch eine „Grundkonzeption der komplexen Verkehrslösung in der Chemiearbeiterstadt Halle-West und in der Stadt Halle" des Ministers für Verkehrswesen vom 1. Juni 1964 (BACH 1993: 31). Diese beschreibt sowohl die Einbindung von Halle-West in das überörtliche Verkehrssystem, als auch die Verkehrsstruktur der Stadt selbst.

Halle-Neustadt sollte entsprechend dieser Grundkonzeption mittels einer Eisenbahnschnellverbindung und einer Schnellstraße mit den chemischen Kombinaten Buna und Leuna verbunden sein. Die südliche Stadtumgehungsstraße F80 verbindet zudem Halle-Neustadt mit Halle. Die F80 sollte über einen Verkehrsknoten im Osten der Stadt, dem Rennbahnkreuz, in die Magistrale münden und nach Halle weiterführen. An dieser Stelle sei erwähnt, dass der tatsächliche Verlauf der F80 etwas weiter südlich liegt. Wahrscheinlich wollte man so eine größere Reservefläche für eine eventuelle Stadterweiterung freihalten.

Generell entsprach die Verkehrslösung nach BACH (1993: 31) den international in der Verkehrsplanung herrschenden Auffassung der autogerechten Stadt: „Leistungsfähige Schnellstraßen für den Autoverkehr, auch innerstädtisch, Ausbau des schienengebundenen ÖPNV vor allem für den Berufsverkehr, KOM [Kraftomnibusse] als flächendeckendes innerstädtisches Verkehrsmittel."

„Die Verkehrserschließung von Halle-Neustadt wird bestimmt durch die Magistrale, die sowohl städtebauliche Hauptachse der neuen Stadt als auch Hauptverkehrsstraße zwischen Halle und Halle-Neustadt ist" (SCHLESIER et al. 1972: 69). Dabei war die Magistrale mit zwei Richtungsfahrbahnen mit je drei Fahrspuren und einem Mittelstreifen von 15 Meter Breite ausgestattet. Dieser wurde für die geplante, aber zu Zeiten der DDR aus ökonomischen Gründen nicht umgesetzte Straßenbahnverbindung freigehalten.

Doch was in der Grundkonzeption noch so gut aussah, funktionierte in der später gebauten Stadt nicht mehr. Die Magistrale entwickelte sich zu einem gewichtigen Störfaktor, vor allem für den Fußgängerverkehr und das gesamte innerstädtische Raumgefüge, sowie für die Anwohner der südlich gelegenen Wohnkomplexe.

Mit der Idee der autoreichen Magistrale war gleichzeitig auch die Idee der Fußgängerzone im Stadtzentrum verbunden. Doch genau hier sieht BACH (1993: 32) ein Grundproblem im Aufbau der Stadt: „Die an sich richtige Konzeption der Verkehrstrennung hatte zur Folge, dass die Bauten des Zentrums der Hauptverkehrsstraße den Rücken zukehrten, was die Unwirtlichkeit der Magistrale, an der außer dem südlichen Bahnhofsausgang keine öffentlichen Gebäude lagen, noch verstärkte."

Aufgrund der kompakten Bebauung der Stadt und der daraus resultierenden geringen Flächenausdehnung wurde dem Busverkehr in Halle-Neustadt eine große Bedeutung zugeschrieben. Der Radius der Einzugsbereiche für die Omnibushaltestelle beträgt maximal 500 Meter (SCHLESIER et al. 1972: 60).

Die Verkehrserschließung der Wohngebiete erfolgte auf herkömmliche Weise durch äußere Erschließung, Schleifen, Einhänge und Stichstraßen. Wesentlich problematischer stellte sich die Unterbringung des ruhenden Verkehrs heraus. Dieser kommt in der Grundkonzeption der komplexen Verkehrslösung gar nicht vor. Dies lässt sich laut BACH (1993: 32) durch die ideologischen Vorbehalte und praktische Restriktionen gegenüber der individuellen Motorisierung erklären.

Laut BACH (1993: 32) war zwar ein Bedarf von 195 Pkw pro 1000 Einwohner angesetzt, Ende der 1960er Jahre noch einmal erhöht auf 240 Pkw pro 1000 Einwohner, gegenüber den gültigen Kennziffern von 130 bis 150 Pkw demnach schon ein Vorgriff, doch es scheiterte erneut an der Umsetzung.

So sollte sich jeweils nur ein Drittel der Stellplätze in den Wohngebieten selbst befinden, die übrigen Stellplätze waren an der Peripherie als sechsgeschossige Hochgarage vorgesehen. Dadurch würden der Verkehrslärm und die Abgase aus den Wohngebieten ferngehalten und nur eine geringe Fläche in Anspruch genommen werden. Da aber „aus wirtschaftlichen Gründen und wegen des anderweitigen Ersatzes von Material und Baukapazität gegenwärtig ein Bau von Hochgaragen nicht möglich" (SCHLESIER et al. 1972: 195) war, wurden die Flächen lediglich befestigt und als Parkplätze genutzt. Dass die Bewohner dabei weite Wege vom Rand der Wohnkomplexe zu ihren Wohnungen zurückzulegen hatten, spielte in der Planung keine Rolle.

Das Selbstverständnis der Architekten von Halle-Neustadt und der DDR Führung, welche den Aufbau der Stadt wesentlich beeinflusste und sich oftmals als schlichtweg falsch erwies, zeigt sich besonders in der Tatsache, „dass zum Teil ernsthaft die Meinung vertreten wurde, in Halle-West würden sich aufgrund des komfortablen öffentlichen Verkehrs die individuelle Motorisierung anders als sonst wo entwickeln" (SCHLESIER et al. 1972: 32).

6.5 Erkenntnisse II

Die vorangegangenen Ausführungen zeigen vor allem die mit der Planung und dem Aufbau einer neuen Stadt verbundenen Probleme auf. Gleichzeitig darf aber auch nicht unerwähnt bleiben, dass es die Architekten, Stadtplaner und Ingenieure geschafft haben, innerhalb weniger Jahre eine Stadt für knapp 100.000 Einwohner mit moderner Wohnausstattung zu errichten, was eine nicht unbeträchtliche Leistung ist.

Dennoch steht unbestritten fest, dass sich Halle-Neustadt anders entwickelte, als vorhergesehen. Dies hat mehrere, eng miteinander in Verbindung stehende Ursachen.

Eine übergeordnete Bedeutung kommt hierbei der unbedingten Wirtschaftlichkeit zu. In jeder Phase der Planung und des Aufbaus mussten Investitionen so klein wie möglich gehalten und begründet werden. Denn schließlich wurde eine Stadt mit der effizientesten Bauweise überhaupt gebaut: dem Montagebau. Die Festlegung, eine ganze Stadt in Form von Plattenbauten zu errichten, zwang die Planer dabei in ein Korsett, welches sie nie in der Lage waren zu überwinden. Immerhin versuchte man die Typen minimal abzuändern, aber „auschlaggebend waren immer wirtschaftliche Gründe und eine borniere technologische Politik, die jede Weiterentwicklung abwies, sofern sie nicht billiger war" (BACH 1993: 25).

Dieser Probleme waren sich die Erbauer durchaus bewusst, genau wie der stetig zunehmenden Monotonie in Halle-Neustadt. Doch was hatten die Stadtplaner für Möglichkeiten eine Stadt zu gestalten, deren Häuser nach dem Prinzip eines Lego-Kastens zusammengesetzt waren? Einige klägliche Versuche wurden im WK I mit der Fassadengestaltung unternommen. Eine große Bedeutung wurde zudem der bildenden Kunst im öffentlichen Raum zugeschrieben. Wandmalereien, Plastiken und Spielplätze aus Beton sollten den Schematismus in den anderen Wohnkomplexen aufbrechen und die Wohnumgebung der Einwohner gestalten. Gleichzeitig waren aber auch diese Versuche mit „beträchtlichen Kosten und Produktionsverlusten verbunden" (SCHLESIER et al. 1972: 142).

Und so kam es, dass für den Aufbau der Stadt die Verantwortung für den Baufortschritt und der damit verbundene ständige Termindruck alles beherrschend war. BACH (1993: 36) formuliert dies rückblickend sehr klar und zeigt den eigentlichen Sachverhalt auf: „Für grundsätzliche Erörterungen blieb kaum Zeit. Diskussionsstoff lieferten die Aufbauprobleme – nicht die Idee. Über die Stadt wurde nicht diskutiert, sie wurde gebaut."

Die Programmatik und die Architektur der Stadt selbst ist dem Funktionalismus zuzuordnen. Dabei wird der Funktionalismus definiert als „Methode der Gestaltung von Dingen und Prozessen zu menschlichen Zwecken", aber eben auch, „dass die menschlichen Zwecke abstrakt, apriorisch und nicht der Vielfalt individuellen Lebens und individueller Bedürfnisse anpassbar konstituiert wurden" (BACH 1993: 39). Anders ausgedrückt: der „Funktions-Begriff" ist zu eng aufgefasst. Durch diese Unzulänglichkeit, in Verbindung mit der Methode des industrialisierten Bauens, die die Effizienz des Herstellungsprozesses über den Gebrauch stellt, geht der menschliche Bezug verloren und eine Stadt kann nicht funktionieren. Dies ist letztlich der Ideologie des zentralistischen Systems geschuldet, in dem etwas anderes als genormte Wohnungen aufgrund genormter Bedürfnisse nicht denkbar waren.

Ein weiteres Augenmerk soll auf die Funktion des Stadtzentrums „mit pulsierendem Leben" (SCHLESIER et al. 1972: 181) gelegt werden. Denn man hat meiner Meinung nach einen fatalen Fehler begangen, als Anfang der 1960er Jahre beschlossen wurde, einen Großteil der Wohnungen für die Beschäftigten der chemischen Industrie in einer einzigen Stadt zu errichten. Dadurch konnte kaum eine Mischung in der Beschäftigten-Struktur der Stadt stattfinden und Halle-Neustadt entwickelte sich zu einer fast reinen Schlafstadt ohne eben jenes pulsierende Leben. Denn tagsüber stand die Stadt ja beinahe leer, da die Werkstätigen in Buna oder Leuna arbeiteten. Demzufolge verstärkte sich der Eindruck von Monotonie noch um ein Vielfaches.

Es lässt sich also festhalten, dass sich Halle-Neustadt in meinen Augen unter den zu der Zeit vorherrschenden Umständen kaum anders hätte entwickeln können. Dabei kann man den Planern und Erbauern der Stadt nur wenige Vorwürfe machen, da diese unter der Doktrin des Sozialismus zu arbeiten hatten und glaubten, den Weg zu einer gerechten Gesellschaft zu kennen. Heute ist es daher einfacher, die Irrtümer und Fehler herauszustellen. Man sollte sich aber im gleichen Atemzug fragen, welchen Weg man einschlagen würde, um aktuelle Probleme der Gegenwart und der Zukunft zu lösen.

7. Die Entwicklung Halle-Neustadts nach 1990

Aufgrund des Bürgerentscheids vom 6. Mai 1990 verlor die Stadt ihren Status als kreisfreie Stadt und wurde in die Stadtteile Nördliche Neustadt, Westliche Neustadt und Südliche Neustadt untergliedert und in die Stadt Halle eingemeindet. Gleichzeitig mit dem politischen Wandel in Deutschland ist vor allem in den ostdeutschen Städten ein hoher Bevölkerungsverlust zu verzeichnen.

Der letzte Teil der Untersuchung soll sich daher mit der demographischen Entwicklung von Halle-Neustadt und den damit einhergehenden Problemen in der Stadtstruktur beschäftigen. Anschließend wird an ausgewählten Beispielen aufgezeigt, was die Stadt Halle für Versuche unternimmt, um eben jenem Bevölkerungsverlust entgegenzuwirken.

7.1 Demographische Entwicklung und Sozialstruktur

Seit 1989 verringerte sich die Einwohnerzahl Halle-Neustadts kontinuierlich von 90.956 auf 51.704 Einwohner (Stand 12.2006). Der Einwohnerverlust seit der Wiedervereinigung beträgt somit 44% (Stadt Halle (Saale) 2007: 91).

Der Bevölkerungsrückgang in Neustadt führt aber nicht in gleicher Höhe zu einem Rückgang der Wohnungsnachfrage. Ursache hierfür ist ein stark ausgeprägter Prozess der Haushaltsverkleinerung und die starke Zunahme Älterer und die damit verbundene Bildung von Singlehaushalten (Stadt Halle (Saale) 2007: 91).

Betrachtet man diese Tatsache aus einem anderen Blickwinkel, ist eine Folge des Einwohnerrückgangs [...] eine kontinuierliche Überalterung der Bevölkerung Neustadts. Der Anteil der über 65-Jährigen stieg zwischen 1992 und 2000 von 7,2% auf 13,5%. Im selben Zeitraum fiel der Anteil der unter 18-jährigen von 22,5% auf 16.9%" (Raumlabor Berlin 2004: 9).

Auch zukünftig geht der Fachbereich Stadtentwicklung und -planung der Stadt Halle von weiteren Bevölkerungsverlusten aus. „Bis 2015 wird sich die Bevölkerung [...] auf voraussichtlich circa 44.000 EW verringern. Die Zahl der nachgefragten Wohnungen wird dagegen nur um circa 2000 sinken. Nach dem Jahr 2015 wird sich durch die deutliche Zunahme der Älteren der Einwohner- und Haushaltsrückgang wieder beschleunigen" (Stadt Halle (Saale) 2007: 92).

Dabei schrumpft die westliche Neustadt schneller, die nördliche Neustadt hingegen wird ihre Einwohnerzahlen stabilisieren können.

Einhergehend mit dem anhaltenden Bevölkerungsrückgang ist eine Veränderung der Sozialstruktur in Neustadt zu verzeichnen. Der Wegzug vor allem junger und qualifizierter Menschen hat zur Folge dass die „Großwohnsiedlungen […] besonders von sozialen Segregationsprozessen betroffen [sind]. Der Bevölkerungsanteil der Arbeitslosen oder/(und) Sozialhilfeempfänger ist überdurchschnittlich hoch und weiter steigend" (Stadt Halle (Saale) 2007: 92).

Ähnlich verhält es sich mit dem Anteil der Ausländer in Neustadt. Zwar ist dieser mit 4% im deutschen Städtevergleich noch sehr niedrig. Auf kleinräumiger Basis kommt es aber bereits zu Ballungen. Im WK II ist der Ausländeranteil mit 14% am höchsten (Stadt Halle (Saale) 2007: 92).

7.2 Folgen der demographischen Entwicklung

Die Auswirkungen der dargestellten Entwicklungen sind heute im gesamten Stadtgebiet von Halle-Neustadt erkennbar. Im Dezember 2010 besuchte ich im Rahmen der Recherchen zu diesem Buch selbst Halle-Neustadt. Aus diesem Besuch stammen die in diesem Abschnitt abgebildeten Fotografien.

Die Defizite in Neustadt sind denen anderer Großwohnsiedlungen der ehemaligen DDR ähnlich. Durch den hohen Leerstand der Wohnhäuser in Neustadt und den dadurch fehlenden Instandhaltungsmaßnahmen treten „bautechnische Schäden an Gebäuden [und] Ver- und Entsorgungssystemen auf" (SCHMIDT, HAGENAU & SCHINDHELM 1993: 6).

Abbildung 9: 11-geschossiges Wohnhaus an der Magistrale im WK I
Fotograf: Lars Grummich, 29.12.2010

Abbildung 9 zeigt ein heute leerstehendes, 11-geschossiges Wohnhaus an der Magistrale. Sehr gut ist der ruinöse Zustand des Gebäudes zu erkennen sowie die Versuche der Architekten aus den 1960er Jahren, der drohenden Monotonie entgegenzuwirken. An der Giebelseite sind plastische Betonelemente angebracht. Durch die Lage an der Magistrale wurde den Gebäuden eine besondere Bedeutung zugeschrieben, weswegen diese zusätzlich mit teuren, weißen Kacheln verkleidet wurden.

Abbildung 10: Der „Plasteblock" im WK I
Fotograf: Lars Grummich, 29.12.2010

Abbildung 10 zeigt den Experimentalbau im WK I. Auch das als „Plasteblock" bekannt gewordene Wohnhaus steht heute zum Großteil leer. Erkennbar sind die gelben Polystyrolschaum-Platten an der Außenwand, aber auch das schlechte äußere Erscheinungsbild des Gebäudes.

Durch eben diesen schlechten Zustand vieler Gebäude entwickelte sich bei den Bewohnern Neustadts ein negativer Eindruck, was Spitznamen für die Stadt wie „Wohnghetto", „Betonsilo" oder „Arbeiterschließfächer" (SCHMIDT, SCHÄFER & SCHINDHELM 1993: 45) verdeutlichen. Zwar haben Umfragen gezeigt, dass der Stadt das negative Image größtenteils von außen aufgezwungen wird, denn mehr als 80% der befragten Einwohner geben an, in Neustadt ihre Heimat gefunden zu haben (SCHMIDT, SCHÄFER & SCHINDHELM 1993: 45). Dennoch zeigt das negative Image tatsächlich vorhandene Mängel auf, sodass die Menschen den Bezug zu „ihrer" Stadt verlieren und schneller bereit sind, diese zu verlassen. Aus diesem Grund stehen neue Wohnungen leer: der Kreis schließt sich.

Dieses nach der Wiedervereinigung in vielen ostdeutschen Städten etwa zeitgleich stattfindende Phänomen, wird im englischen Sprachgebrauch als „shrinking cities" (deutsch: schrumpfende Städte) bezeichnet, ist heute aber weder auf Ostdeutschland noch ausschließlich auf Großwohnsiedlungen beschränkt.

Weitere Defizite zu Beginn der 1990er Jahre ergeben sich aus den vorhandenen Kultur- und Freizeiteinrichtungen für die verschiedenen Altersgruppen und sozialen Schichten. Denn die Stadt wurde „geplant und konzipiert für eine voll beschäftigte Bewohnerschaft" (SCHMIDT, HAGENAU & SCHINDHELM 1993: 7) und nicht für arbeitslose und ältere Menschen. Außerdem zeigt die Stadt „funktionelle Mängel in den Wohnungen hinsichtlich Zuschnitt, Bauqualität und Ausstattung […]; Gestaltungs- und Nutzungsdefizite im Wohnumfeld […]; Mangel an Arbeitsplatzangeboten im Gebiet […] sowie gestalterische wie funktionelle Mängel der Anbindung des Stadtteils an die Stadt" (SCHMIDT, HAGENAU & SCHINDHELM 1993: 6).

Um diesen Defiziten entgegenzuwirken versucht die Stadt Halle seit Ende der 1990er Jahre mit verschiedenen Methoden, Bereiche der Stadt umzustrukturieren um ein „Umkippen der städtebaulichen Qualität und/oder des sozialen Milieus" (Stadt Halle (Saale) 2007: 104) zu verhindern.

7.3 Ziele und Umsetzung der Stadterneuerung in Halle-Neustadt

Im Jahr 2001 wurde im Stadtrat der Stadt Halle das erste „Integrierte Stadtentwicklungskonzept" (ISEK) verabschiedet. Im Rahmen des ISEK wurde das Raumlabor Berlin mit der Studie beauftragt, „einen strategischen Ansatz als Methode zum Stadtumbau" (Raumlabor Berlin 2004: 6) in Halle-Neustadt zu entwickeln. Die besondere Herausforderung bei einem Stadtumbau ist, auf etwas Vorhandenes zurückzugreifen. „Einem Gebäude ähnlich gibt es ein Gerüst, eine Struktur, die nicht grundsätzlich verändert werden kann. Es gilt Verborgenes wiederzuentdecken und freizulegen oder Bestehendes zu interpretieren und neue Zusammenhänge herzustellen" (Raumlabor Berlin 2004: 14).

Des Weiteren schlägt die Studie das Modell des „shrink to fit" (Raumlabor Berlin 2004: 11) vor. Die Stadt soll sich also gesund schrumpfen. Um dies zu erreichen gibt es grundsätzlich drei Modelle dem Wohnungsleerstand entgegenzuwirken: „Diffusion: leer stehende Gebäude werden abgerissen; Kontraktion: Abrissmaßnahmen ausschließlich an den Siedlungsrändern mit dem Ziel, einen verkleinerten, kompakten Stadtkörper zu erhalten; Perforation: punktuelle Konzentration von Abrissmaßnahmen innerhalb der Stadtstruktur führt zu großmaßstäblichen Löchern im Stadtkörper" (Raumlabor Berlin 2004: 12).

Die Folge war, dass die Stadt Halle bis 2010 mehr als 5500 Wohnungen als übergeordnetes Leitziel des ISEK abreißen ließ. So steht im ISEK geschrieben: „Schrumpfen der Siedlung vom Rand mit dem Ziel des Landschaftsgewinns, Verhinderung von Zersiedelung" (Stadt Halle (Saale) 2007: 101). Dieses Vorgehen ist sehr gut nachvollziehbar, wenn man sich bewusst macht, dass heute besonders die Randsiedlungen Halle-West und der Südpark vom Leerstand betroffen sind. Dies lässt sich durch den schlechten Renovierungszustand der Gebäude erklären. Während die älteren Häuser in den Wohnkomplexen voll- oder zumindest teilrenoviert sind, befinden sich die jüngeren Gebäude heute in schlechtem bis ruinösem Zustand. Im Umgang mit der vorhandenen Baustruktur ist es wichtig, das Wohnraumangebot weiter zu diversifizieren. Dies bedeutet, individuelle Wohnräume zu erschaffen und den Wohnungstyp P2 in den Hintergrund treten zu lassen. Dadurch kann das Wohnraumangebot für Außenstehende wieder interessant werden und den Schrumpfungstendenzen entgegenwirken.

Allerdings geht die Stadt davon aus, dass entsprechend des prognostizierten Einwohnerrückgangs weitere 5400 Wohnungen leerstehen und zum Gebäudeabbruch angemeldet werden müssen. Dies entspricht einer weiterhin hohen Leerstandsquote von 18% (Stadt Halle (Saale) 2007: 94).

Zusätzlich zum Umgang mit leerstehenden Häusern in Neustadt hat das Raumlabor Berlin Thesen entwickelt, die in nachfolgende Stadtentwicklungskonzepte aufgenommen und zum Teil heute bereits umgesetzt sind.

Eine These lautet: „Neustadt braucht eine übergeordnete Funktion in der Gesamtstadt Halle" (Raumlabor Berlin 2004: 22). Hierzu hat die Stadt Halle insbesondere versucht, das Stadtzentrum zu stärken.

Dies begann mit der Anbindung Neustadts an die Gesamtstadt. „Denn Stadtumbau in Halle dient [...] dem Ziel, das Verhältnis der beiden Pole der Doppelstadt neu auszubalancieren" (Ministerium für Landesentwicklung und Verkehr des Landes Sachsen-Anhalt 2010: 38). Und so wurde im Jahr 2006 endlich die schon in den 1960er Jahren angestrebte Straßenbahnverbindung gebaut. Dies „trug zu einer Verbesserung der Qualität der Versorgung im öffentlichen Nahverkehr und zu einer Aufwertung des gesamten Straßenraums der Magistrale bei" (Stadt Halle (Saale) 2007: 97). Überdies hinaus wurde der zentrale Bereich der Neustadt mit dem Neubau eines Einkaufszentrums und eines Hotels gestärkt.

Das größte Problem heute aber sind die fünf Hochhausscheiben an der Neustädter Passage. In der Hochhausscheibe D konnte die Agentur für Arbeit erfolgreich angesiedelt werden, bis vor kurzem war zudem noch die Unterbringung des Finanzamtes in Hochhausscheibe C im Gespräch. Mittlerweile hat man sich aber dagegen entschieden, da die hohen Renovierungskosten für die Stadt nicht tragbar sind. Stattdessen wird an dieser Stelle offen über einen Abriss oder zumindest Rückbau der Gebäude diskutiert, auch wenn dieser wegen des hohen finanziellen und zeitlichen Aufwandes jüngstens noch abgelehnt wurde. Die Stadt scheint im Umgang mit den vorhandenen Gebäuden an dieser Stelle ratlos zu sein.

Das ISEK definiert in seiner Ausgabe von 2007 noch weitere Ziele, von denen an dieser Stelle nur noch einige wenige genannt werden sollen: Aufgelockerte Bebauung zur Neugestaltung des öffentlichen Raumes sowie die Ausweitung von Freiflächen; Landschaftsachsen zur Gliederung von außen in die Siedlung hinein; Schaffung von Wohnungsangeboten für breite soziale Schichten und Unterstützung vielseitiger sozikultureller Angebote zur Vermeidung einer einseitigen, problematischen Sozialstruktur (Stadt Halle (Saale) 2007: 101).

Nur wenn die angestrebten Ziele umgesetzt und erreicht werden, kann Halle-Neustadt meiner Meinung nach den weiterhin anhaltenden Schrumpfungstendenzen entgegenwirken.

7.4 Neustadt-Impressionen

Den Eindruck, den Halle-Neustadt bei meinem Besuch im Dezember 2010 auf mich hinterlassen hat, deckt sich mit den gemachten Ausführungen. Obwohl ich ohne größere Vorkenntnisse in Neustadt unterwegs war, entwickelte sich bei mir rasch ein Gefühl von Gleichförmigkeit. Die Herkunft des Spitznamen „Stadt der gleichen Häuser" (SCHMIDT, SCHÄFER & SCHINDHELM 1993: 45) wird auch heute noch auf den ersten Blick deutlich. Und das obwohl ein Großteil der Gebäude renoviert wurde. Der andere Teil der Gebäude weckt aber die Empfindung einer „Geisterstadt".

Abbildung 11: Leerstehender Wohnblock an der Magistrale
Fotograf: Lars Grummich, 29.12.2010

Gesprungene Glasscheiben, verrußte und voll geschmierte Häuserwände, wie in Abbildung 11 sichtbar, und zugemauerte Hauseingänge lassen den Drang vieler Menschen, aus Neustadt wegziehen zu wollen, verständlich erscheinen.

Abbildung 12: Wohnkomplexzentrum „Gastronom" im WK I
Fotograf: Lars Grummich, 29.12.2010

Ein Blick durch die Scheiben des fast komplett leer stehenden Wohnkomplexzentrums im WK I (Abbildung 12) vermittelt den Eindruck, als sei die Zeit an diesem Ort stehen geblieben und das Inventar beim Verlassen des Gebäudes vergessen worden.

Abbildung 13: Neustädte Passage
Fotograf: Lars Grummich, 29.12.2010

Einen besonders trüben Anblick aber bot für mich die Neustädter Passage im Zentrum der Stadt. Abbildung 13 lässt erkennen, dass sich hier durch den Bau des neuen Einkaufszentrums am Zentralen Platz Ein-Euro-Läden und Asiamärkte ansiedelten, gekrönt von den leer stehenden und teilweise einsturzgefährdeten Hochhausscheiben.

Dennoch sind an jeder Ecke auch die Bemühungen der Stadt Halle erkennbar, diesem Zustand entgegenzuwirken. Grünräume werden weiterhin freigehalten und gepflegt, alte Blöcke werden abgerissen, zurückgebaut oder renoviert. Im nördlichen Teil des WK I wurde an Stelle der nicht mehr benötigten Polytechnischen Oberschule ein neues Jugendzentrum und östlich des Stadtzentrums ein Skatepark errichtet. Aktuell wird das Wohnkomplexzentrum im WK III neu gestaltet und renoviert. Das Gefühl einer Aufbruchsstimmung will jedoch nicht wirklich aufkommen.

Und so bleibt zu hoffen, dass es der Stadt Halle gelingen wird, Neustadt wieder zu beleben und die Idee der Stadtplaner, eine Stadt zu bauen, „in der zu leben für jeden Glücklich sein heißt" (SCHLESIER et al. 1972: 11) neu entstehen zu lassen.

8. Schlussbetrachtung

Hauptziel dieses Buches ist die Darstellung der Entwicklung Halle-Neustadts von einer sozialistisch geplanten Arbeiterstadt zum Stadtteil mit Schrumpfungstendenzen.

Darüber hinaus ist es aber wichtig, die überaus komplexen Prozesse des Wiederaufbaus in Ostdeutschland unter dem Gesichtspunkt der Abhängigkeit des Systems von einzelnen Personen wie Walter Ulbricht zu begreifen. Zudem wird gezeigt, dass ein großer Widerspruch zwischen dem Anspruch der politischen Führung und der Realität vorhanden war. Zu kaum einem Zeitpunkt besaßen die Beschäftigten des Bauwesens der DDR, seien es Stadtplaner, Architekten oder Ingenieure, die Möglichkeiten, die von der Partei ausgegebenen Vorgaben national oder regional wirklich umzusetzen.

In den 1960er Jahren noch das Lieblingsprojekt von Walter Ulbricht, geht das staatliche Interesse an Halle-Neustadt in den 1970er Jahren spürbar zurück. Dies zeigt auch die dem Buch zugrunde liegende Literatur deutlich. Spielt der Aufbau der Stadt in den 1960er Jahre in der Fachzeitschrift des BDA „Deutsche Architektur" noch eine große Rolle, so finden sich ab den 1970er Jahren fast keine Texte mehr über Halle-Neustadt.

Im Laufe der Recherchen haben sich die Planungen und der Aufbau der Stadt für mich zu einem spannenden Projekt entwickelt. Denn in kaum einer anderen ostdeutschen Stadt ist die Stadtentwicklung besser nachvollziehbar als in Halle-Neustadt.

Besonders aufschlussreich war es für mich, die Entwicklung des Stadtzentrums zu verfolgen. Entsprechend der „Sechzehn Grundsätze des Städtebaus" mit Zentralen Platz, Magistrale und Turmhaus konzipiert, sollte der Aufbau zu einer Zeit erfolgen, in der diese Elemente schon wieder als überholt galten. Und so entwickelte sich, gewollt oder ungewollt, die ursprünglich für Fußgänger ausgelegte Magistrale zu einer vierspurigen Straße ausschließlich für Autos. Das Hochhaus der Chemie wurde nicht gebaut und der Zentrale Platz nie seiner eigentlichen Bedeutung zugeführt.

Auch die Entwicklung der nacheinander gebauten Wohnkomplexe zeigt noch heute seinen Effekt. Wirkt WK I aufgrund seiner Zeilenbebauung in seiner Struktur noch sehr starr, zeigt sich WK III mit seinen fließenden Räumen sehr dynamisch. Zumindest in dieser Beziehung ist es den Chefarchitekten Paulick und seinem Nachfolger Schlesier gelungen, der monotonen Plattenbauweise entgegenzuwirken. Dies zeigt sich auch heute noch, denn trotz anhaltender Schrumpfungstendenzen ist WK III der Wohnkomplex, der seine Einwohnerzahlen am ehesten stabilisieren konnte.

Interessant sind zudem die teilweise verzweifelt wirkenden Versuche, die öffentlichen Räume zu gestalten und die Stadt „wohnbar" zu machen. Viele dieser Experimente sind noch heute in Halle-Neustadt in den Wohnkomplexen wieder zu finden.

Mit dieser Untersuchung kann und will ich nicht den Anspruch auf Vollständigkeit erheben. Vielmehr soll dem Leser Halle-Neustadt als sozialistisch geplante Stadt und der dahinter stehenden Ideologie begreifbar gemacht werden. Auch soll nicht der Eindruck erweckt werden, dass das Leben in Neustadt einseitig und trostlos gewesen wäre. Viele der neuen Mieter in Halle-Neustadt in den 1960er und 1970er waren glücklich, eine voll ausgestattete Wohnung beziehen zu dürfen. Das eigentliche Problem war vielmehr, dass fast alle Wohnungen identisch waren.

Das Hauptaugenmerk dieses Buches liegt auf der Entwicklung Halle-Neustadts bis 1990 und der damit unweigerlich verbundenen Geschichte des Wiederaufbaus in Ostdeutschland. Der letzte Teil zu den aktuellen Entwicklungsprozessen der Stadterneuerung zeigt bewusst nur einen kleinen Ausschnitt, da dieses Thema ausreichend Stoff für ein eigenständiges Buch ähnlichen Umfangs bietet.

Es bleibt abschließend die leise Hoffnung, dass es gelingen wird, Halle-Neustadt als wichtiges Relikt der DDR zu bewahren, die Stadt aber gleichzeitig auch behutsam auf die zukünftigen Herausforderungen vorzubereiten.

9. Quellenverzeichnis

9.1 Literatur

BACH, J. (1967): Das Stadtzentrum.- Deutsche Architektur, **16** (4): 210-216.

BACH, J. (1993): Notate zur Planungsgeschichte Halle-Neustadts.- In: Projektgesellschaft mbH Dessau (Hrsg.): Stadterneuerung als Prozess demokratischer und kultureller Weiterentwicklung – Perspektiven für Halle-Neustadt. Weimar: 14-40.

BENZ, W. (2005): Die Errichtung der Besatzungsherrschaft.- Information zur politischen Bildung, **259**: 8-16.

BEYME, K. v. (1987): Der Wiederaufbau. Architektur und Städtebaupolitik in beiden deutschen Staaten.- München.

BOLZ, L. (1951): Von deutschem Bauen. Reden und Aufsätze.- Berlin.

BRAMBACH, L. (1967): Plaste als Baustoff.- Deutsche Architektur, **16** (4): 234-235.

COLLEIN, E. (1955): Der Aufbau der Stadtzentren in der Deutschen Demokratischen Republik.- Deutsche Architektur, **12**: 532-545.

CREUTZBERGER, S. (1996): Die Sowjetische Besatzungsmacht und das politische System der SBZ.- Köln.

Deutsche Bauakademie (1962): Die Planung zu Halle-West und die sozialistische Demokratie im Städtebau.- Deutsche Architektur, **11** (3): 133-136.

Deutsche Bauakademie (1969): Architektur und Städtebau in der DDR.- Leipzig.

DÜWEL, J. (1995): Baukunst voran!: Architektur und Stadtplanung im ersten Nachkriegsjahrzehnt in der SBZ/DDR.- Berlin.

DURTH, W., DÜWEL, J. & GUTSCHOW, J. (1999a): Ostkreuz: Personen, Pläne, Dokumente.- In: Architektur und Städtebau der DDR, **1**, Frankfurt am Main.

DURTH, W., DÜWEL, J. & GUTSCHOW, J. (1999b): Aufbau: Städte, Themen, Dokumente.- In: Architektur und Städtebau der DDR, **2**, Frankfurt am Main.

FRAUSTADT, W. (1967): Gestaltung im Wohnungsbau.- Deutsche Architektur, **16** (4): 238-240.

Grundsätze des Städtebaus (1950): Bekanntmachung der Grundsätze des Städtebaus vom 15.09.1950. In: Ministerialblatt der DDR 1950, **25**: 153-154.

HEWITT, K., NIPPER, J. & NUTZ, M. (1993): Städte nach dem Krieg – Aspekte des Wiederaufbaus in Deutschland.- Geographische Rundschau. **45** (7 & 8): 438-445.

Hochschule für Technik, Wirtschaft und Kultur Leipzig (2001): Forschungsprojekt: Recycling von Plattenbauten. http://www.modularesbauen.com/berichte/platte/platte.htm. 2011-02-23.

HOFFMANN, M. (1972): Wohnungspolitik der DDR – das Leistungs- und Interessenproblem.- Düsseldorf.

HOSCISLAWSKI, T. (1991): Bauen zwischen Macht und Ohnmacht. Architektur und Städtebau in der DDR.- Berlin.

KARGER, A. & WERNER, F. (1982): Sie sozialistische Stadt.- Geographische Rundschau, **34** (11): 519-528.

KOENEN, B. (1962): Städtebauliche Planungen von Wohngebieten.- Deutsche Architektur, **11** (3): 137-148.

Ministerium für Landesentwicklung und Verkehr des Landes Sachsen-Anhalt (2010): Internationale Bauausstellung – Stadtumbau Sachsen-Anhalt: Halle (Saale).- Magdeburg.

NUTZ, M. (1993): Eine Auswahl rechtlicher und politisch-administrativer Aspekte des Wiederaufbaus in Ostdeutschland.- In: NIPPER, J., NUTZ, M. & WIKTORIN, D. (Hrsg.): Kriegszerstörung und Wiederaufbau deutscher Städte - Geographische Studien zu Schadensausmaß und Bevölkerungsschutz im Zweiten Weltkrieg, zu Wiederaufbauideen und Aufbaurealität. Kölner Geographische Arbeiten, **57**: 159-166, Köln.

NUTZ, M. (1998): Stadtentwicklung in Umbruchsituationen: Wiederaufbau und Wiedervereinigung als Stressfaktoren der Entwicklung ostdeutscher Mittelstädte.- Erdkundliches Wissen, **124**, Stuttgart.

PAUL, J. (1992): Dresden: Suche nach der verlorenen Mitte.- In: BEYME, K. v., DURTH, W. & GUTSCHOW, N. (Hrsg.): Neue Städte aus Ruinen. Deutscher Städtebau der Nachkriegszeit. München: 313-333.

PAULICK, R. (1967a): Die städtebauliche Planung für den Aufbau der Chemie-arbeiterstadt.- Deutsche Architektur, **16** (4): 202-209.

PAULICK, R. (1967b): Wettbewerb Wohnkomplex IV in Halle-West – Bemer-kungen zum Wettbewerb.- Deutsche Architektur, **16** (5): 276-286.

PRETZSCH, W. (2006a): Halle-Neustadt, eine sozialistische Planstadt.- In: BADER, M. & HERRMANN, D. (Hrsg.): Halle-Neustadt Führer. Halle (Saale): 35-42.

PRETZSCH (2006b): Das Stadtzentrum.- In: BADER, M. & HERRMANN, D. (Hrsg.): Halle-Neustadt Führer. Halle (Saale): 43-51.

Raumlabor Berlin (2004): Kolorado Neustadt – Perspektiven für Halle-Neustadt.- Berlin.

RICHTER, D. (1974): Die sozialistische Großstadt – 25 Jahre Städtebau in der DDR.- Geographische Rundschau, **26** (5): 183-191.

SACK, M. (1973): Treu, aufsässig, gefeiert und verwünscht – Widersprüche im Leben des Ost-Berliner Architekten Hermann Henselmann.- Die Zeit. 33: o. A.

SCHÄTZKE, A. (1991): Zwischen Bauhaus und Stalinallee: Architekturdiskussi-on im östlichen Deutschland 1945-55.- Bauwelt-Fundamente, **95**, Braun-schweig & Wiesbaden.

SCHLESIER, K. (1969): Entwicklung des Städtebaus im Chemiebezirk Halle.- Deutsche Architektur, **18** (10): 590-593.

SCHLESIER, K., BACH, J., DEUTLOFF, R., KHURANA, S., LUDLEY, K., MÜLLER, M., PAULICK, R., ROSCHER, H. & SCHAUER, H. (1972): Halle-Neustadt: Plan und Bau der Chemiearbeiterstadt.- Berlin.

SCHMIDT, H., HAGENAU, C. & SCHINDHELM, B. (1993): Stadterneuerung als demokratischer und kultureller Prozess.- In: Projektgesellschaft mbH Dessau (Hrsg.): Stadterneuerung als Prozess demokratischer und kultureller Weiter-entwicklung – Perspektiven für Halle-Neustadt. Weimar: 6-13.

SCHMIDT, H., SCHÄFER, U. & SCHINDHELM, B. (1993): Die Heimat im Beton – Halle Neustadt im Urteil seiner Bewohner.- In: Projektgesellschaft mbH Des-sau (Hrsg.): Stadterneuerung als Prozess demokratischer und kultureller Wei-terentwicklung – Perspektiven für Halle-Neustadt. Weimar: 41-65.

SIEGEL, H. (1967): Die Wohnkomplexe.- Deutsche Architektur, **16** (4): 217-223.

Stadt Halle (Saale) (2007): Integriertes Stadtentwicklungskonzept der Stadt Halle (Saale) – Stadtumbaugebiete.- Halle (Saale).

StaH (1964): Generalbebauungsplan für Halle-West.- Archivsignatur: A 4.19 Nr.173 Bd.1.

TOPFSTEDT, T. (1988): Städtebau in der DDR 1955-1971.- Leipzig.

ULBRICHT, W. (1958): Zum Aufbau der Städte.- Protokoll der Verhandlungen des V. Parteitages der Sozialistischen Einheitspartei in Deutschland. Berlin.

WALLERT, W. (1974): Sozialistischer Städtebau in der DDR.- Geographische Rundschau, **26** (5): 177-182.

ZAGLMAIER, H. (1969a): Gesellschaftliche Zentren der Wohnkomplexe in Halle-Neustadt.- Deutsche Architektur, **18** (10): 598-599.

ZAGLMAIER, H. (1969b): Zur Entwicklung des Wohnungsbaus im Bezirk Halle.- Deutsche Architektur, **18** (10): 608-611.

9. Anhang

Die Sechzehn Grundsätze des Städtebaues

Von der Regierung der Deutschen Demokratischen Republik am 27. Juli 1950
beschlossen:

Die Stadtplanung und die architektonische Gestaltung unserer Städte müssen
der gesellschaftlichen Ordnung der Deutschen Demokratischen Republik, den
fortschrittlichen Traditionen unserer deutschen Volkes sowie den großen Zie-
len, die dem Aufbau ganz Deutschlands gestellt sind, Ausdruck verleihen.
Dem dienen die folgenden Grundsätze:

1. Die Stadt als Siedlungsform ist nicht zufällig entstanden. Die Stadt ist
   die wirtschaftlichste und kulturreichste Siedlungsform für das Gemein-
   schaftsleben der Menschen, was durch die Erfahrung von Jahrhunderten
   bewiesen ist. Die Stadt ist in Struktur und architektonischer Gestaltung
   Ausdruck des politischen Lebens und des nationalen Bewußtseins des
   Volkes.

2. Das Ziel des Städtebaus ist die harmonische Befriedigung des menschlichen Anspruches auf Arbeit, Wohnung, Kultur und Erholung.
   Die Grundsätze und Methoden des Städtebaus fußen auf den natürli-
   chen Gegebenheiten, auf den sozialen und wirtschaftlichen Grundlagen
   des Staates, auf den höchsten Errungenschaften von Wissenschaft,
   Technik und Kunst, auf den Erfordernissen der Wirtschaftlichkeit und
   auf der fortschrittlichen Elemente des Kulturerbes des Volkes.

3. Städte "an sich" entstehen nicht und existieren nicht. Die Städte werden
   in bedeutendem Umfang von der Industrie gebaut. Das Wachstum der
   Stadt, die Einwohnerzahl und die Flächen werden von den städtebildenden Faktoren bestimmt, d.h. von der Industrie, den Verwaltungsor-
   ganen und den Kulturstätten, soweit sie mehr als örtliche Bedeutung
   haben. In der Hauptstadt tritt die Bedeutung der Industrie als städtebil-
   dender Faktor hinter der Bedeutung der Verwaltungsorgane und der
   Kulturstätten zurück. Die Bestimmung und Bestätigung der städtebildenden Faktoren ist ausschließlich Angelegenheit der Regierung.

4. Das Wachstum der Stadt muß dem Grundsatz der Zweckmäßigkeit untergeordneter werden sich in bestimmten Grenzen halten. Ein übermäßiges Wachstum der Stadt, ihrer Bevölkerung und ihrer Flächen führt zu schwer zu beseitigenden Verwicklungen in ihrer Struktur, zu Verwicklungen in der Organisation des Kulturlebens und der täglichen Versorgung der Bevölkerung des Organischen und die Berücksichtigung der historisch entstandenen Struktur der Stadt bei Beseitigung ihrer Mängel.

5. Das Zentrum bildet den bestimmenden Kern der Stadt. Das Zentrum der Stadt ist der politische Mittelpunkt für das Leben seiner Bevölkerung.
   Im Zentrum der Stadt liegen die wichtigsten politischen, administrativen und kulturellen Stätten. Auf den Plätzen im Stadtzentrum finden die politischen Demonstrationen, die Aufmärsche und die Volksfeiern an Festtagen statt.

6. Das Zentrum der Stadt wird mit den wichtigsten politischen und monumentalsten Gebäuden bebaut, beherrscht die architektonische Komposition des Stadtplanes und bestimmt die architektonische Silhouette der Stadt.

7. Bei Städten, die an einem Fluß liegen, ist eine der Hauptadern und die architektonische Achse der Fluß mit seinen Uferstraßen.

8. Der Verkehr hat der Stadt und ihrer Bevölkerung zu dienen. Er darf die Stadt nicht zerreißen und der Bevölkerung nicht hinderlich sein. Der Durchgangsverkehr ist aus dem Zentrum und dem zentralen Bezirk zu entfernen und außerhalb seiner Grenzen oder in einem Außenring um die Stadt zu führen. Anlagen für den Güterverkehr auf Eisenbahn und Wasserwegen sind gleichfalls dem zentralen Bezirk der Stadt fernzuhalten. Die Bestimmung der Hauptverkehrsstraßen muß die Geschlossenheit und die Ruhe der Wohnbezirke berücksichtigen. Bei der Bestimmung der Hauptverkehrsstraßen ist zu berücksichtigen, daß für den städtischen Verkehr nicht die Breite der Hauptverkehrsstraßen von entscheidender Bedeutung ist, sondern eine Lösung der Straßenkreuzungen, die den Anforderungen des Verkehrs gerecht wird.

9. Das Antlitz der Stadt, ihre individuelle künstlerische Gestalt wird von Plätzen, Hauptstraßen und den beherrschenden Gebäuden im Zentrum der Stadt bestimmt (in den größten Städten von Hochhäusern). Die Plätze sind die strukturelle Grundlage der Planung der Stadt und ihrer architektonischen Gesamtkomposition.

10. Die Wohngebiete bestehen aus Wohngebieten, deren Kern die Bezirkszentren sind. In ihnen liegen alle für die Bevölkerung des Wohnbezirks notwendigen Kultur-, Versorgungs- und Sozialeinrichtungen von bezirklicher Bedeutung. Das zweite Glied in der Struktur der Wohngebiete ist der Wohnkomplex, der von einer Gruppe von Häuservierteln gebildet wird, die von einem für mehrere Häuserviertel angelegten Garten, von Schulen, Kindergärten, Kinderkrippen und den täglichen Bedürfnissen der Bevölkerung dienenden Versorgungsanlagen vereinigt werden. Der städtische Verkehr darf innerhalb dieser Wohnkomplexe nicht zugelassen werden, aber weder die Wohnkomplexe noch die Wohnbezirke dürfen in sich abgeschlossene isolierte Gebilde sein. Sie hängen in ihrer Struktur und Planung von der Struktur und den Forderungen der Stadt als eines Ganzen ab. Die Häuserviertel als drittes Glied haben dabei hauptsächlich die Bedeutung von Komplexen in Planungen und Gestaltung.

11. Bestimmend für gesunde und ruhige Lebensmittelverhältnisse und für die Versorgung mit Licht und Luft sind nicht allein die Wohndichte und die Himmelsrichtung, sondern auch die Entwicklung des Verkehrs.

12. Die Stadt in einen Garten zu verwandeln, ist unmöglich. Selbstverständlich muß für ausreichende Begrünung gesorgt werden. Aber der Grundsatz ist nicht umzustoßen: in der Stadt lebt man städtischer; am Stadtrand oder außerhalb der Stadt lebt man ländlicher.

13. Die vielgeschossige Bauweise ist wirtschaftlicher als die ein- oder zweigeschossige. Sie entspricht auch dem Charakter der Großstadt.

14. Die Stadtplanung ist die Grundlage der architektonischen Gestaltung. Die zentrale Frage der Stadtplanung und der architektonischen Gestaltung der Stadt ist die Schaffung eines individuellen einmaligen Antlitzes der Stadt. Die Architektur muß dem Inhalt nach demokratisch und der Form nach national sein. Die Architektur verwendet dabei die in

den fortschrittlichen Traditionen der Vergangenheit verkörperte Erfahrung des Volkes.

15. Für die Stadtplanungen wie für die architektonische Gestaltung gibt es kein abstraktes Schema. Entscheidend ist die Zusammenfassung der wesentlichsten Faktoren und Forderungen des Lebens.

16. Gleichzeitig mit der Arbeit am Stadtplan und in Übereinstimmung mit ihm sind für die Planung und Bebauung bestimmter Stadtteile sowie von Plätzen und Hauptstraßen mit den anliegenden Häuservierteln Entwürfe fertigzustellen, die in erster Linie durchgeführt werden können.

Quelle: Grundsätze des Städtebaus (1950): 153f

Aufbaugesetz

**Gesetz über den Aufbau der Städte in der
Deutschen Demokratischen Republik
und der Hauptstadt Deutschlands, Berlin
(Aufbaugesetz).
Vom 6. September 1950**

Durch den verbrecherischen Hitlerkrieg, besonders durch den anglo-amerikanischen Bombenkrieg gegen Wohn- und Kulturstätten, haben viele Städte unseres Vaterlandes schwere Schäden erlitten. Im Gegensatz zur völkerrechtswidrigen Kriegführung der Amerikaner und Engländer hat die Sowjetunion unsere Wohn- und Kulturstätten geschont und hat nach Zerschlagung des Hitlerfaschismus dem deutschen Volke wirksame politische und wirtschaftliche Hilfe für den demokratischen Aufbau geleistet.

Durch die großen Anstrengungen und Leistungen des gesamten werktätigen Volkes, insbesondere der Aktivisten, der Techniker und Ingenieure, sind in der Deutschen Demokratischen Republik mit der vorfristigen Erfüllung des Zweijahrplanes die schlimmsten Kriegsfolgen aus eigener Kraft überwunden worden, während der Westen Deutschlands unter der Herrschaft der anglo-amerikanischen Imperialisten stark verschuldete. Der Fünfjahrplan sieht auch den planmäßigen Aufbau der zerstörten Städte in der Deutschen Demokratischen Republik, insbesondere der Hauptstadt Deutschlands, Berlin, vor. Damit wird nicht nur die Lage der Bevölkerung in der Deutschen Demokratischen Republik und in Berlin weiterhin erleichtert, sondern die Verwirklichung dieses großen Aufbauplanes schafft das Beispiel für ein friedliches Leben in Wohlstand in ganz Deutschland.

Auf der Grundlage des Fünfjahrplanes wird durch die Initiative der Aktivisten, durch die Entfaltung der Wettbewerbsbewegung für die allseitige Verbesserung der Arbeit im Bauwesen, insbesondere zur Anwendung neuer fortschrittlicher Arbeitsmethoden, zur Senkung der Baukosten und der Einsparung von Baumaterial, der Aufbau unserer Städte unter Mithilfe breiter Bevölkerungskreise erfolgreich durchgeführt. Dieser Aufbau der Städte dient der Hebung des Wohlstandes der Bevölkerung und ist ein sichtbarer Ausdruck für den wirtschaftlichen und kulturellen Aufstieg in der Deutschen Demokratischen Republik.

Die Durchführung der Pläne für den Aufbau und die Neugestaltung unserer Städte kann nicht auf der Grundlage der überholten und rückständigen Prinzipien des Städtebaues erfolgen. Unsere antifaschistisch-demokratische Ordnung ermöglicht in der Deutschen Demokratischen Republik und in Berlin die Verwirklichung der fortschrittlichen Erfahrungen im Städtebau zum Wohle der Bevölkerung. So werden künftig die Planung und der Aufbau unserer Städte nach den Grundsätzen des Städtebaues erfolgen, die von der Provisorischen Regierung der Deutschen Demokratischen Republik am 27. Juli 1950 beschlossen wurden. Um den Aufbau der Städte planmäßig und auf der Grundlage der fortschrittlichen Erfahrungen durchs führen zu können, beschließt die Provisorische Volkskammer der Deutschen Demokratischen Republik folgendes Gesetz:

I. Planmäßiger Aufbau

§ 1

Der planmäßige Aufbau der Städte ist eine der vordringlichsten Aufgaben der Deutschen Demokratischen Republik. Der Aufbau wird im Rahmen des Volkswirtschaftsplanes durchgeführt.

§ 2

Die Regierung der Deutschen Demokratischen Republik wird beauftragt, für den planmäßigen Aufbau der im Volkswirtschaftsplan vorgesehenen zerstörten Städte der Republik, in erster Linie der Hauptstadt Deutschlands, Berlin, und der wichtigsten Industriezentren der Republik, Dresden, Leipzig, Magdeburg, Chemnitz, Dessau, Rostock, Wismar, Nordhausen und weiterer von der Regierung der Deutschen Demokratischen Republik zu bestimmender Städte zu sorgen.

§ 3

(1) Der Aufbau Berlins als der Hauptstadt Deutschlands ist Aufgabe der Deutschen Demokratischen Republik; er erfordert die Anteilnahme der Bevölkerung ganz Deutschlands, insbesondere aller Bauschaffenden.

(2) Das Ministerium für Aufbau wird beauftragt, gemeinsam mit dem Magistrat von Groß-Berlin den Aufbau Berlins zu planen und zu lenken.

§ 4

Das Ministerium für Aufbau hat in Übereinstimmung mit dem Volkswirtschaftsplan und im Zusammenwirken mit den Fachministerien

a) die Planungen der Städte anzuleiten, zu lenken und die Durchführung zu überwachen,

b) die Entwicklung neuer Baustoffe sowie die Anwendung fortschrittlicher Arbeitsweisen und Bauverfahren in Verbindung mit der Bauindustrie zu fördern,

c) für die Beschleunigung, Verbilligung und Verbesserung des Bauens Normen und Typen mit dem Ziel fortschreitender Mechanisierung und Industrialisierung in Verbindung mit der Bauindustrie zu entwickeln.

§ 5

Zur Erhöhung der Arbeitsproduktivität und zur Senkung der Selbstkosten hat das Ministerium für Aufbau im Einvernehmen mit dem Ministerium für Industrie die volkseigenen Baubetriebe und den Freien Deutschen Gewerkschaftsbund bei der Auswertung der Erfahrungen und bei der Entwicklung der Aktivisten- und Wettbewerbsbewegung zu unterstützen.

§ 6

(1) Zur Entwicklung und Ausbildung von Bauingenieuren und Architekten hat das Ministerium für Aufbau an den ihm zugeordneten Bauingenieurschulen und an der Hochschule für Architektur in Weimar die Ausbildung so zu gestalten, daß die durch den Volkswirtschaftsplan geforderte Bereitstellung von Fachkräften gedeckt wird.

(2) Die Qualifizierung der aus Arbeiter- und Bauernkreisen kommenden Studenten sowie der Aktivisten des Bauwesens ist sicherzustellen. Die bei der Hochschule für Architektur in Weimar gebildete Arbeiter- und Bauernfakultät ist beschleunigt auf- und auszubauen.

II. Planung und Bestätigung

§ 7

Für die Planung und den Aufbau der Städte sind die vom Ministerrat der Deutschen Demokratischen Republik am 27. Juli 1950 beschlossenen

„Grundsätze des Städtebaues" zugrunde zu legen.

§ 8

(1) Die städtebildenden Faktoren (Industrie, Verwaltungsorgane und Kulturstätten von überörtlicher Bedeutung) sowie die aus ihnen folgende Bevölkerungszahl und Größe des Stadtgebietes werden auf gemeinsamen Vorschlag der Ministerien für Planung und für Aufbau von der Regierung der Deutschen Demokratischen Regierung beschlossen.

(2) Die Ministerien für Planung und für Aufbau haben zuvor die Fachministerien, die Landesregierung und den Rat der Stadt oder des Kreises zu hören und, falls eine Übereinstimmung mit diesen nicht erreicht wird, deren Stellungnahme der Vorlage beizufügen.

§ 9

Nach Festlegung der städtebildenden Faktoren und unter Zugrundelegung der Grundsätze des Städtebaues entwickelt der Rat der Stadt folgende Pläne:

1. den Flächennutzungsplan, der als Perspektivplan in großen Umrissen die Abgrenzung des Stadtzentrums, der historisch gewordenen Bezirke und der städtischen Bebauung, die Verteilung der Wohn- und Industriegebiete und der Grünflächen sowie die allgemeine Anlage des Versorgungs- und Verkehrsnetzes bestimmt;

2. den Stadtbebauungsplan, der auf Grund des Flächennutzungsplanes die wichtigen Plätze und Straßen, die wichtigsten Gebäude und die Versorgungs- und Verkehrsanlagen festlegt;

3. den Aufbauplan, der die einzelnen Bauvorhaben der Volkswirtschaftspläne und jedes Jahresabschnittes enthält;

4. die Teilbebauungspläne.

§ 10

Die Aufbaupläne der Städte haben im Einklang mit dem Volkswirtschaftsplan und seinen Jahresabschnitten zu stehen.

§ 11

(1) Flächennutzungspläne und Stadtbebauungspläne werden über die Landesregierung dem Ministerium für Aufbau zur Begutachtung zugeleitet und von

ihm der Regierung der Deutschen Demokratischen Republik zur Bestätigung vorgelegt.

(2) Aufbaupläne werden über die Landesregierung dem Ministerium für Aufbau zur Bestätigung vorgelegt.

(3) Teilbebauungspläne werden von den Hauptabteilungen Aufbau der Länder dem Ministerium für Aufbau zur Bestätigung vorgelegt.

§ 12

(1) Für den Aufbau der Städte nach den fortschrittlichen Erkenntnissen der Wissenschaft, Technik und Kunst sind die besten Fachkräfte des Städtebaues und der Architektur heranzuziehen.

(2) Zur Entwicklung des Städtebaues und der Architektur werden das Institut für Städtebau und Hochbau beim Ministerium für Aufbau und das Institut für Bauwesen bei der Deutschen Akademie der Wissenschaften zur „Deutschen Bauakademie" zusammengefaßt. Die Deutsche Bauakademie wird dem Minister für Aufbau unterstellt.

§ 13

Beim Minister für Aufbau werden ein Beirat für Städtebau und ein Beirat für Architektur gebildet, deren Zusammensetzung auf Vorschlag des Ministers für Aufbau von der Regierung der Deutschen Demokratischen Republik beschlossen wird.

III. Aufbaugebiete

§ 14

(1) Die Regierung der Deutschen Demokratischen Republik kann Städte, Kreise und Gemeinden oder Teile hiervon zu Aufbaugebieten erklären.

(2) Die Erklärung zum Aufbaugebiet bewirkt, daß in diesem Gebiet eine Inanspruchnahme von bebauten und unbebauten Grundstücken für den Aufbau und eine damit verbundene dauernde oder zeitweilige Beschränkung oder Entziehung des Eigentums und anderer Rechte erfolgen kann.

(3) Die Entschädigung erfolgt nach den zu erlassenden gesetzlichen Bestimmungen.

IV. Schlußbestimmungen

§ 15

Das Ministerium für Aufbau wird beauftragt, im Einvernehmen mit dem Ministerium des Innern eine Verordnung über die staatliche Bauaufsicht und eine Bauordnung für das Gebiet der Deutschen Demokratischen Republik auszuarbeiten und der Regierung zur Beschlußfassung vorzulegen.

§ 16

Durchführungsbestimmungen erläßt das Ministerium für Aufbau im Einvernehmen mit dem Ministerium für Planung und den zuständigen Fachministerien.

§ 17

Dieses Gesetz tritt mit dem Tage seiner Verkündung in Kraft. Gleichzeitig treten alle diesem Gesetz entgegenstehenden Gesetze und Verordnungen außer Kraft.

Berlin, den 6. September 1950

Das vorstehende vom Präsidenten der Provisorischen Volkskammer unter dem neunten September neunzehnhundertundfünfzig ausgefertigte Gesetz wird hiermit verkündet.

Berlin, den vierzehnten September neunzehnhundertundfünfzig

**Der Präsident
der Deutschen Demokratischen Republik**
W. PIECK

Quelle: DURTH et al. (1999b): 88f